El secreto del quipu

Narración de Mónica Peña de Grupe

Mónica Peña de Grupe

El secreto del quipu

Narración peruana

Lectura
Nivel intermedio (B1/B2)

© 2015 by Mónica Peña de Grupe
Herstellung und Verlag: BoD – Books on Demand, Norderstedt

ISBN 978-3-7386-5851-4

Titelbild: Roland Grupe und Mónica Peña de Grupe
Fotos: Roland Grupe, Mónica Peña de Grupe

www.monicadegrupe.de

Prólogo

Queridos lectores:

A modo de introducción quiero darles la bienvenida a esta parte del camino, ameno y entretenido, con algunos episodios reales y otros sacados de la fantasía.

A través de esta lectura notarán las diferencias y semejanzas de dos culturas, la alemana y la peruana, que mezcladas en situaciones divertidas y a veces peligrosas, nos transportarán a un país exótico.

Notarán además que los peruanos y en general en Hispanoamérica usamos el "ustedes" en vez del vosotros o vosotras.

También encontrarán algunos giros, los que están escritos en letra *cursiva*. Estos giros o frases hechas están traducidos al final de la lectura (pág. 76) bajo el nombre de "Redewendungen". Asimismo encontrarán algunas palabras que están traducidas al pie de página.

Por otro lado, si quieren profundizar un poco más en la gramática, hay algunas tareas para resolver (pág. 77-84). Las soluciones se encuentran al final (pág. 85-86).

Incluso, con respecto a algunos datos históricos se hace una corta referencia (pág.74-75).

Al final, dos ricas recetas (pág. 87) *cerrarán con broche de oro* (*einen krönenden Abschluss bringen*) el marco de la lectura.

Así pues, les invito a participar de esta aventura y les deseo que se diviertan leyendo las experiencias de Martin en el Perú.

Mónica Peña de Grupe

1

Juan está en su dormitorio y ya es de noche. Ha regresado de la biblioteca de la universidad y ahora quiere revisar su correo electrónico. Cuando se conecta a la red y abre su correo, se da cuenta de que hay un mensaje de Martin:

Hola Juan:

Por fin tengo el dinero necesario para hacer un viaje al Perú. Y lo más importante es que ya he terminado mis estudios en la universidad. He trabajado mucho en mis horas libres y he ahorrado bastante. Mis padres me han regalado el pasaje y yo ya tengo suficiente dinero para pagar mis gastos de viaje. ¿No es fantástico? Ahora sí puedo aceptar tu invitación. Podría hacer el viaje en la estación de verano de ustedes. Eso es entre diciembre y marzo, ¿verdad? Claro que no pienso quedarme mucho tiempo. Además me he informado a través de internet y me gustaría profundizar mis conocimientos sobre la historia de tu país. A parte de Lima Colonial, me encantaría conocer Cajamarca donde está el "Cuarto de Rescate", Cusco, por su maravilla "Machu Picchu" y el Lago Titicaca en Puno.
Por favor escríbeme pronto para reservar mi vuelo lo antes posible.
Saludos
Martin

Juan se pone muy contento y baja inmediatamente al primer piso para dar la noticia. Los padres de Juan saben desde hace tiempo, que su hijo conoce a muchos jóvenes extranjeros a través de internet y que Martin se ha convertido en un buen amigo.

Luego de un rato Juan le contesta a Martin:

Hola Martin:

¡Qué alegría! Naturalmente sigue en pie[1] la invitación. No sólo yo voy a estar muy contento, sino toda mi familia. Ya les he hablado de ti y de cómo nos conocimos en la red. A partir de mediados de diciembre yo ya estoy de vacaciones. No tengo clases en la uni. Así que voy a tener tiempo para mostrarte Lima. ¡Vamos a pasarlo mostro[2]!
¿Qué te parece si vienes para pasar el año nuevo con nosotros?
Avísame cuándo estás llegando, para organizarlo todo.
Te esperamos.
Abrazos
Juan

2

Seis meses después, a finales de diciembre ...

Media hora antes de llegar a su destino las azafatas les entregan a los pasajeros un pequeño formulario. Es un papel de inmigración en el que deben de escribir sus datos: nombres, apellidos, número de pasaporte, la dirección donde van a hospedarse, motivo del viaje, etc., etc., etc. Es un poco difícil rellenarlo, ya que los espacios son diminutos[3].

---

[1] sigue en pie: ist noch gültig
[2] (umgspr.) supergut
[3] winzig

Cuando ya el avión aterriza, Martin piensa: "Por fin, después de 13 horas de viaje, cruzando el Atlántico, he llegado al Perú, un país con más de 30 millones de habitantes".

Entonces, cuando al final se detiene el avión, Martin se pone de pie y saca su maletín negro, marca Puma, que está arriba de su asiento, en el compartimiento de equipajes de mano. El avión, repleto de pasajeros, con más de 300 a bordo, abre sus puertas y todos salen y van a recoger sus maletas. Hay muchos extranjeros de diferentes nacionalidades y también muchos peruanos que visitan a sus familias o regresan de un paseo por Europa.

Antes de recoger su maleta, Martin hace una cola para presentar su pasaporte y entregar el papel de inmigración. Un agente sella ambos y le devuelve su pasaporte con visa de turista por 90 días y una parte del papel de inmigración.

–Señor, esta parte, guárdela, porque la va a necesitar para su salida del país –le dice el agente.

–Ok. Gracias –responde Martin.

Juan ha preparado un cartel grande en el que dice:

"Martin, ¡Bienvenido al Perú!"

Además ha llegado con tiempo al aeropuerto. Ha leído en las pizarras electrónicas y parece que el vuelo de Madrid llega sin retraso. Martin ha viajado desde Düsseldorf y ha hecho escala en Madrid. Juan va a la puerta por donde salen los viajeros. Allí espera, con mucha emoción, a su amigo alemán.

Después de un rato, ve cómo una cabeza rubia sobresale entre los pasajeros que vienen de Madrid. Es Martin, quien a su vez, ve a lo lejos el cartel y se acerca a Juan:

–¿Juan? –pregunta Martin y sonríe a la vez, abriendo sus grandes ojos azules.

—¿Martin? —pregunta a la vez Juan, *sonriendo de oreja a oreja*.

Ambos se abrazan. Sólo se habían visto un par de veces a través de la webcam. Pero en persona, se veían por primera vez.

—¡Qué bien hombre! —dice por fin Juan—, ¿y qué tal el viaje?

—Bien, un poco cansado, pero bien.

—Me imagino. Son muchas horas de vuelo, ¿no?

—Sí. Pero eso no es lo más pesado, sino los asientos. Son muy pequeños para un largo viaje y yo, con mis piernas largas...

—Claro, entiendo —interrumpió Juan, y bromeando, agregó—, pero para un chato[4] como yo; eso no sería un problema.

Jajaja... ambos se ríen mientras van caminando hacia la salida.

Martin es alto como muchos alemanes, mide casi 1,90 m., en cambio, Juan, como la mayoría de los peruanos, es bajo y mide unos 25 cm. menos que su amigo alemán.

—Pero ya estás aquí y eso me alegra muchísimo. Ven conmigo, el carro[5] está en el estacionamiento —agrega Juan—.

Ponen la maleta y el maletín negro en la maletera[6] y suben al carro.

Hace calor. Más o menos unos 26 grados y está húmedo. Se siente bochorno[7]. Pero eso a Martin no le molesta en absoluto. Viene de un país en el que está haciendo mucho frío. Y, a pesar de que Lima es una ciudad con mucha humedad, él se siente muy bien.

---

[4] (umgspr.) kleiner Mann
[5] (*Am.*) Auto
[6] Kofferraum
[7] (METEO) Schwüle

–Martin, ¿quieres que ponga el aire acondicionado?
–No, gracias. Me gusta el calor.
–Sí. Lo sé. Pero viajar en el carro con este calor puede ser incómodo.
–Para mí no. Pero si tú quieres...
–No. Para mí tampoco es un problema. Hoy está más agradable que ayer. Pero seguro que el calor va a aumentar recién estamos a finales de Diciembre y acaba de empezar el verano.

Durante el camino charlan sobre muchos temas, del clima, de la economía, de los estudios y por supuesto de sus planes.

Después de manejar en la caótica hora punta del tráfico limeño, llegan a Monterrico, un distrito de Lima. Está fuera del centro y es tranquilo. Allí Juan vive con sus padres. Entran a la cochera[8] y alguien abre la puerta principal:

–¡Hijo, por fin! –lo recibe la madre de Juan– ¡Tanto se han demorado! ¡Yo ya estaba preocupada! ¿El vuelo tenía retraso?

–No, mamá. ¡Es que el tráfico es fatal! Mira, te presento a Martin.

La señora, una persona gordita y muy alegre, abre los brazos y se empina[9] para darle un beso en la mejilla a Martin, quien tiene que agacharse[10] bastante para saludarla.

–Bienvenido, Martin. ¡Qué gusto de conocerte!
–Gracias, señora. Encantado de conocerla.
–Pero pasa, por favor, adelante. Debes de estar cansado, con hambre y con sed, ¿verdad?
–Sí, un poco.

---

[8] Garage
[9] sich auf die Fußspitzen stellen
[10] sich bücken

El señor, bajo también, pero bastante delgado, sale a recibir al recién llegado y también abraza a Martin.
–Pasa Martin, estás en tu casa –dice el padre de Juan.
Martin se siente muy bien. "¡Que amables y hospitalarios son!", piensa.
Juan le enseña la casa y cuando suben al segundo piso, le muestra el dormitorio donde va a dormir los próximos días. Sobre su cama hay unas toallas limpias.
–Martin, el baño está aquí al lado, si quieres puedes darte un duchazo[11].
–Sí, gracias. Y después voy a desempacar.
–Claro, tranquilo, tómate tu tiempo y cuando termines puedes bajar. Nosotros estamos en la terraza tomando algo frío.
Luego de un rato, Martin baja fresco y sonriente.
–¿Una chela[12]? –pregunta el padre de Juan– quiero decir, ¿una cervecita?
–Sí, con mucho gusto, señor.
–Oye Martin, dice Juan que tú sabes hablar muy bien el castellano, ¿dónde lo has aprendido? –le pregunta el señor entregándole una botella de cerveza Cusqueña, su favorita–.
–Aprendí español en mi escuela secundaria y luego en la universidad. Además estudié un semestre en España. Y también chateo mucho con amigos latinoamericanos y españoles.
–¡Qué bien, qué bien! No hay nada más importante que los idiomas. Ahora que estamos en un mundo tan globalizado. ¡Qué bien!

---

[11] schnell unter die Dusche springen
[12] (umgspr.) (*Perú*.) Bier

Siguen hablando de muchos temas y ya son más de las once de la noche.

–Bueno muchachos, yo tengo un poquito de sueño y mi mujer seguro que ya se fue a dormir. Entonces, hasta mañana –dice el señor, levantándose de la silla–.

–Hasta mañana señor –dice Martin.

–Chau papá –dice Juan.

Entonces Juan le dice a Martin:

–Al resto de la familia, la vas a conocer mañana. Mis dos hermanas están casadas y ya no viven en casa. Pero mañana domingo van a venir a almorzar con sus esposos y sus hijos. Todos tienen ganas de conocerte.

Al día siguiente, a la hora del almuerzo, a eso de la una de la tarde, llegan las hermanas, sus maridos y sus hijos. Es una gran familia y todos se sientan a comer en la terraza. La música nunca falta y, en reuniones como ésas, es algo primordial. Así que Juan ha instalado su pequeño equipo de música en la terraza y ha puesto un cd de música peruana: valses, marineras, festejos y huaynos y también música moderna. El padre ha hecho una parrillada[13], con chorizo parrillero[14], churrasco[15] y anticuchos[16]. La señora se ha encargado de los choclos[17], las papas[18] y la ensalada de lechuga, tomate y palta[19]. Además, para beber, hay cerveza y por supuesto la bebida nacional "Inca Kola".

---

[13] hacer una parrillada: grillen
[14] peruanische Grillwurst
[15] Beefsteak
[16] Fleischspieß aus Rinderherz
[17] Mais
[18] Kartoffel
[19] Avocado

Martin nunca ha probado la Inca Kola y pone una cara rara, no quiere parecer descortés[20], así que acercándose a Juan, le pregunta en voz muy baja:

—Juan, ¿y esta bebida? Es tan... tan... amarilla.

—Pruébala, Martin. Es riquísima. No contiene alcohol. Y heladita,... con este calor... uff, lo máximo[21].

Martin la prueba y dice:

—Sí. En verdad no está mal. Aunque al principio —dice saboreando—, parece como ... "Gummi Bärchen".

—¿Gummi qué? —dice uno de los niños.

—Gu-mmi-Bär-chen —contesta Martin lentamente y con una sonrisa.

—¿Y qué es eso? —pregunta nuevamente el niño.

—Son gomitas dulces en forma de ositos.

—¡Mmmm, qué rico! —dice alegre el niño.

Martin se toma un vaso entero sin parar y se sirve más y otro vaso más. Ya va por el tercero, cuando Mayra una de las niñas, le dice:

—Oye Martin, ¡creo que te has vuelto Inca Kohólico!!!

Jajaja... se escuchan risas.

Después de terminar de comer, todos ayudan a ordenar. Y a eso de las 5 de la tarde la señora ofrece un té y pastel de limón hecho por ella.

—¿Desearían un trozo de pastel con un tecito?

Pero, como la mayoría no puede comer nada más, ya que todavía están llenos, niegan con la cabeza y agradecen a la dueña de casa:

—Muchas gracias, pero por el momento no.

---

[20] unhöflich
[21] lo máximo (umgspr.): das Allerbeste

–Entonces para más tardecito –dice la señora un poco desilusionada.

"La parrillada ha sido todo un éxito", piensa el señor.

–Y, Martin, cuéntanos– dice Rolando, el marido de la hermana mayor, quien enciende un cigarrillo, después de ofrecerles a los demás–, ¿cuáles son tus planes?

–Bueno, primero me gustaría conocer un poco de Lima. Sé que tiene una parte colonial muy bonita.

–Sí. Lima tiene rincones[22] bonitos y de mucha historia. Además nuestro alcalde ha hecho unas mejoras fabulosas, ha hecho remodelar muchas partes y Lima se ve fantástica. Está recobrando un poco del brillo que había perdido. Además si se te antoja, como lo hacen muchos turistas, puedes dar un paseo en una carreta tirada por caballos. Pero bueno, ya lo verás todo con tus propios ojos. ¿Y después?

–Luego, planeo un viaje al Cusco, quiero ver "Machu Picchu"...

–¡Naturalmente! –interrumpe Rolando– ¡Un viaje al Perú, sin verlo, sería un pecado! ¿Sabías que Machu Picchu significa Montaña Vieja?

–Sí. ¡Además es una de las nuevas maravillas del mundo! –agrega Martin.

–A Martin le interesa mucho la historia –interviene Juan–, está estudiando para ser profesor de historia. Es más, acaba de terminar el último semestre de sus estudios.

–¡Ah! Y por supuesto también me interesaría mucho viajar a Puno y ver el Lago Titicaca y quiero ir a Cajamarca, para visitar Los Baños del Inca, el Cuarto de Rescate, etc. –sigue Martin.

–¡Realmente eres un experto! –dice el padre de Juan.

---

[22] rincones bonitos: schöne Ecken

–No, experto no. Es que me interesa mucho la cultura peruana. Estoy pensando en hacer mi tesis de máster en algo relacionado con la cultura del Perú. Pero aún no he escogido ningún tema.
 –Interesante, interesante –añade el señor–. Seguro hay muchos temas que pueden ser atractivos. Mira ...
 Martin y el padre de Juan *están en su salsa*. Ambos están muy interesados en la cultura. Y el señor lee mucho sobre el tema, sobre todo ahora que está jubilado.
 La conversación se alarga hasta muy tarde. Los niños ya están con sueño y las hermanas de Juan desean partir. Todos se despiden:
 –Hasta pronto Martin, ¡que te diviertas!
 –Adiós, gracias –responde Martin.

3

El día 31 de diciembre es un día lleno de preparaciones. Juan y Martin van de compras por encargo de la mamá de Juan. Compran incienso y mirra[23], dos velas amarillas largas y fuegos artificiales en una tienda, van a la floristería y compran crisantemos amarillos, van a la avícola[24] San Fernando y recogen el pavo que la madre ya había encargado y por último compran champán y uvas verdes sin pepas[25].
 –¿Todo lo que hemos comprado lo vamos a usar esta noche? –le pregunta Martin curioso a Juan.

---

[23] Weihrauch und Myrrhe
[24] Geflügelladen
[25] sin pepas: kernlos

–Sí, todo, ya verás que te va a gustar. Son las costumbres que tenemos para recibir el año nuevo. Estos rituales se repiten cada año.

La señora pone las flores amarillas en un florero.

–Señora, ¿por qué tienen que ser flores amarillas? – pregunta Martin.

–Pues porque el amarillo es el color de la suerte. Y de esa manera llamamos a la suerte para el nuevo año –responde la señora sonriente.

–¡Ah! Por eso las velas tenían que ser amarillas también, ¿verdad?

–Así es hijo.

La señora rellena el pavo, lo hornea, lo decora y hace la guarnición[26].

Son las 11:30 de la noche y los padres de Juan ya han preparado todo:

Primero: el incienso y la mirra están en un recipiente de metal fuera de la casa, delante de la puerta principal.

Segundo: hay pequeños recipientes con arroz crudo, uno para cada persona.

Tercero: Hay 4 maletas vacías cerca de la puerta principal.

Cuarto: El pavo ya está listo y la mesa adornada para la celebración, con los platos, las copas y las velas.

Quinto: En cada copa de champán hay doce uvas.

Todos están vestidos como para una fiesta.

Juan le ha explicado a Martin, que hay que comer las uvas una por una inmediatamente después de escuchar las campanadas del reloj, antes de las 12 de la noche, y luego, pedir un deseo. Después se bebe el champán.

---

[26] Garnierung

Minutos antes de las 12 de la noche, el señor sintoniza la radio. Pone radio Panamericana:
"¡Queridos oyentes, se acerca el nuevo año!!! ¡Ya sólo faltan dos minutos! ¿Tienen sus copas preparadas?" Se escucha algarabía en la radio y también hay ambiente de fiesta en la casa. "¡Ahora a contar! 10, 9, 8, 7, 6, 5, 4, 3, 2, 1, ton ton ton ton ton ton ton ton ton ton ton ton, ¡FELIZ AÑO NUEVO!!!"

Martin observa muy atento y hace lo que los demás hacen.

Todos se han devorado una uva tras otra después de escuchar cada "ton" de las 12 campanadas antes de las 12 de la noche. Martin no puede hablar porque aún no ha terminado de pasar la última uva con la que casi se atraganta[27].

De inmediato el señor destapa la botella de champán y echa el líquido en cada copa y brindan.

–¡Vamos! –dice la madre abriendo la puerta–.

Todos salen de la casa. El señor enciende los fuegos artificiales y la señora enciende el incienso y la mirra que están en el suelo.

–¿Y ahora qué tenemos que hacer? –le pregunta Martin a Juan un poco desconcertado[28].

–Hay que pasar en forma de cruz sobre el incienso y la mirra –responde Juan muerto de risa de ver a su amigo en esas cosas.

–¿También es para la suerte? –vuelve a preguntar Martin.

–¡Sí, claro! –aquí la suerte y la fe van de la mano.

Después de que todos hicieron el ritual. Pasaron a la casa y la señora les entregó a cada uno el recipiente con el arroz crudo.

---

[27] atragantarse: sich verschlucken
[28] verblüfft

Viendo la cara de asombro de Martin la señora le explicó:

–Cada uno de nosotros va a poner en cada esquina de la casa unos granos de arroz.

–Para la suerte, ¿verdad? –preguntó Martin.

–No. Para la abundancia y el dinero –respondió la madre de Juan.

–¡Ah! Entiendo –afirmó Martin.

Así lo hicieron. Y el padre de Juan dijo: "ahora cada uno coja su maleta".

"¿Es que estas personas están un poquito locas?", pensó Martin, "¿para qué la maleta?" Martin no sabía qué hacer ni qué decir.

El señor, adivinando el desconcierto de Martin, se volvió y le dijo:

–Vamos a *dar una vuelta a la manzana* con las maletas.

–¿También para la suerte o la abundancia? –preguntó Martin.

–No. Realmente eso significa que vamos a viajar este año.

–¡Ah! –fue lo único que pudo decir Martin. Porque todos salieron corriendo.

Así lo hicieron. Y no eran los únicos. La mayoría de la gente del barrio lo estaba haciendo también.

A Martin ya se le había abierto el apetito de tanto ritual y pensó en el rico pavo. "Mmmm".

Llegaron por fin a la casa y se lavó las manos para cenar, pensando que ahí había acabado todo. ¡Equivocado!!!

–¡Un momento! Antes de sentarnos a cenar, ¡hay que pasar en forma de cruz por debajo de la mesa! –dijo la señora.

–¿Quééé?!!! –dijo asombrado Martin– Pero yo... yo... no voy a poder soy muy muy grande ...

—JAJAJA ¡es una broma Martin! —dijo Juan riéndose—. Eso lo hacíamos antes, cuando mis padres eran más jóvenes y nosotros eramos niños. Ahora no.

—¡Uff!, ¡felizmente! —dijo aliviado Martin.

Todos se rieron y así de muy buen humor y con un hambre terrible se sentaron a cenar y comentaron, entre risa y risa, las cosas que todos habían hecho esa noche y los planes y buenas intenciones para el nuevo año.

También Martin contó las costumbres que tienen los alemanes en esas fechas.

4

Martin y Juan han recorrido Lima de *cabo a rabo*. Para ello han necesitado un par de días. Han visto iglesias antiguas, monumentos, museos, etc. Han ido a la playa y han tomado sol. Además Martin ha sacado muchas fotos.

Más tarde, llegando a casa, los jóvenes se conectan a la red y Martin aprovecha la oportunidad para enviar unas fotos a Alemania y actualizar su Facebook.

Al día siguiente muy temprano, va a la agencia de viajes para confirmar las reservaciones para sus viajes a Cusco, Puno y Cajamarca y así, recoger sus vouchers.

Cuando reservó sus viajes por internet, había encontrado tres ofertas interesantes y ahora está confirmado. Todo pasa perfectamente en sus planes.

Más tarde, durante el almuerzo:

—Entonces Martin, ¿cuándo te vas al Cusco? —pregunta el señor.

—Pasado mañana.

—¡Qué rápido!, y ¿cuánto tiempo piensas quedarte allá?

–Pues cuatro días. La agencia de viajes me ha ofrecido un tour que se llama "Cusco clásico 4 días/ 3 noches".

–¡Muy bien! Y no te olvides de tomar mate de coca[29]. Es muy bueno contra los malestares de la altura o "soroche" como le llamamos también.

–Sí, claro.

***

Dos días más tarde Martin está ya en el Cusco y desde ahí le escribe un e-mail a Juan:

Hola Juan:

He llegado bien. Y como te prometí, te escribo desde la habitación del hotel. Puedo conectarme con mi laptop porque el hotel tiene Wifi. El hotel es muy cómodo y tiene una vista fantástica. Hoy he dado una vuelta por la ciudad y sus alrededores. He estado en la Catedral, que es hermosa. Realmente es otro mundo. Pero ya te contaré personalmente con "lujo de detalles". Mañana salgo temprano para hacer mi primera excursión.

Estoy muy emocionado.

Saludos a tus padres.

Abrazos

Martin

PD. Estoy tomando mate de coca ☺. En el hotel hay termos con mate en la recepción y en las habitaciones.

Otra vez en Lima, después de su regreso del Cusco, Martin se siente muy bien, el viaje ha sido una maravilla. Han sido cuatro días fenomenales con muchas experiencias y excursiones en lugares como Sacsayhuamán, el Valle del

---

[29] der Kokatee hilft um das Unwohlgefühl wegen der Höhenkrankheit zu lindern. (Mehr über das Kokablatt auf Seite 74)

Colca, la Ciudadela Machu Picchu, el Intihuatana[30] y el mercado de Pisac.

Ahora necesita lavar su ropa y prepararse para su próximo viaje con destino a Puno.

Al día siguiente por la noche se sientan a ver las noticias en la televisión: "... Fuertes lluvias dejan a turistas varados[31] en Aguas Calientes... los turistas han sido recogidos por helicópteros... Los habitantes de las regiones cerca al río Urubamba sufren por las precipitaciones y los aludes... muchos daños... El acceso a la ciudadela Machu Picchu se ha cerrado hasta nuevo aviso..."

–¡Qué fastidio! ¡Es un gran problema! –comenta el padre– Gracias a Dios no hay daños personales, sólo materiales.

–¡Oye, Martin *de la que te salvaste!* –dice Juan.

–Sí, es verdad. Felizmente pude llegar y salir a tiempo.

–Pero cuando estuviste en el Cusco, llovía, ¿verdad?

–Sí. Pero no tanto como ahora.

–Esas cosas pueden pasar de un momento a otro cuando es temporada de lluvia.

–Con o sin lluvia, en 4 días uno no puede ver todo lo que quiere –dice un poco apenado Martin–. Es una ciudad tan bonita y con tanta historia que me ha dejado impresionado y creo que algún día volveré allí –añade.

–Así es. Cusco es una ciudad mágica. Te llama. Te invita. Y ten por seguro que volverás ahí –dice Juan poniendo cara de misterio–, es como un imán. ¿Será quizás porque al Cusco se le considera "el ombligo del mundo"[32]?

---

[30] die Sonnenuhr der Incas
[31] festsitzen
[32] der Nabel der Welt

Machu Picchu (Cusco)

Sacsayhuaman (Cusco)

Catedral de Lima (Plaza de Armas)

Iglesia de San Francisco (Centro de Lima)

***

Dos días después, sale muy temprano por la mañana y toma el primer avión a su siguiente destino, Puno. Allí se queda tres días.

Al regresar de su viaje comenta en casa de Juan:

−Puno es fantástico y el lago Titicaca ¡Qué grande! ¡y está a una altura de 3 810 msnm[33], y las islas flotantes[34] de los Uros! ¡Todo tan bonito!

−¡Qué bueno que puedas ver tantas cosas de nuestro país! −comenta Juan.

−Creo que me estoy enamorando de tu país −agrega Martin.

Él está muy contento. Todo está yendo muy bien y en tres días estará saliendo rumbo a Cajamarca.

***

Para el cumpleaños del tío Guillermo, el tío preferido de Juan, han hecho una reunión, y Martin ha conocido al resto de la familia.

"La familia y la casa son excelentes, la gente peruana es muy amable, el clima es fantástico, la comida peruana es de lo mejor y las chicas,... ¡uy!!!... las chicas son tan bonitas y alegres. Sobre todo Lucía, la prima de Juan. No sólo es bonita sino muy simpática, alegre e inteligente y a excepción de la mayoría de las chicas peruanas, Lucía es alta. Además es una cocinera de primera", piensa Martin.

---

[33] msnm =**m**etros **s**obre el **n**ivel del **m**ar: Höhe über dem Meeresspiegel
[34] islas flotantes: schwimmende Inseln

Al día siguiente va al departamento de Lucía, quien lo ha invitado a almorzar. Lucía es cocinera de profesión y es la jefa de cocina en un Club de San Isidro. Ella vive en ese distrito, en un pequeño pero bonito departamento. Ha preparado un cebiche[35] excelente y para beber ha hecho un Pisco Sour[36].
 –¡Mmmm! ¡Esto sí que es delicioso! –dice Martin.
 –¡Qué bueno que te gusta el cebiche!
 –Sí. Este plato está riquísimo.
 –¿Y qué tal el traguito[37]?
 –Delicioso. Y como dice Juan: ¡Te pasas[38]!
 –Gracias –dice Lucía sonriente, poniéndose un poco colorada.

Después de la comida, charlan horas y horas. Se llevan muy bien. Son bastante afines y comparten muchos intereses, excepto una sola cosa, que Martin no sabe nada de cocina. Es un *cero a la izquierda* cuando se trata de cocinar. Pero Lucía le ha prometido que le va a enseñar a preparar las cosas básicas y algunos platos peruanos. Además, han quedado para salir juntos cuando él regrese de su viaje a Cajamarca.

---

[35] Fisch in Limette mariniert
[36] peruanischer Cocktail aus Pisco (Art Grappa aus Perú) und Limette
[37] (umgspr.) Cocktail
[38] te pasas (hier): Du bist einfach toll

5

Después de esa inolvidable comida, Martin viaja al día siguiente a Cajamarca. El avión sale muy temprano.

Llega al aeropuerto de esa ciudad a las 10 de la mañana. Ya hay una persona que lo está esperando y lo lleva a su hotel. El camino dura unos veinte minutos.

Martin tiene mucha prisa, porque quiere aprovechar la mañana para ver algunas atracciones turísticas que están cerca del hotel. Así que, al llegar al hotel, se acerca rápidamente a la recepción y se registra: entrega su pasaporte, rellena un formulario con sus datos y recibe la llave de su habitación.

El hotel está muy cerca del centro, a unas cuantas cuadras de la Plaza de Armas. Es muy bonito, pequeño y acogedor. Tiene muchos cuadros andinos y los muebles son de estilo colonial.

Luego de entrar a su habitación, también muy bonita, desempaca, y de inmediato se refresca y baja. Va nuevamente a la recepción para preguntar si todo está en orden con la excursión del día siguiente.

–Sí. Todo está en orden –dice el conserje–, mañana vienen por usted y por dos turistas más.

–¿A qué hora van a pasar por nosotros?

–A las 9 en punto de la mañana.

–¿A partir de qué hora se puede desayunar?

–A partir de las 6 de la mañana, señor.

–Gracias.

–De nada. Estamos para servirle.

Martin coge un folleto informativo que ve sobre el mostrador de la recepción:

"Atractivos en la ciudad: La catedral, La Iglesia de San Franciso, La Iglesia de Belén, La Iglesia y Convento de la Recoleta, El Cuarto de Rescate...".

¡Eso es! Eso es exactamente lo que va a hacer. Va a visitar el famoso Cuarto de Rescate. Lee que hoy está abierto de 9 de la mañana a 1 de la tarde y de 3 a 6 de la tarde. Lo piensa bien y decide ir allá después del almuerzo, con más tiempo.

Sale del hotel y va a caminar un poco por las calles de la ciudad.

A eso de la 1 de la tarde almuerza en el restaurante del hotel y después va a su habitación y hace una pequeña siesta. La siesta es algo que aprendió de los españoles y que *le sienta muy bien*. Después de su siesta se siente con más fuerzas. "Es como recargar las pilas", dice siempre.

Cuando se despierta, baja, y en el salón principal del hotel ve un plano de la ciudad. Entonces, ubica en dónde está el hotel y el lugar donde está "El Cuarto de Rescate". Saliendo del hotel hay que girar a la derecha, luego, seguir todo recto dos calles y después, girar a la izquierda, allí está, a unos pocos metros de la Plaza Mayor.

En sólo unos minutos a pie, llega. La entrada cuesta S/.4.00 [39]

Antes había leído en una página de internet que el famoso Cuarto de Rescate es la única huella del Imperio Incaico que existe en la zona. Tiene 11,80 metros de largo, 7,30 metros de ancho y 3,10 metros de alto. Ahí estuvo prisionero el Inca Atahualpa[40] 8 meses y 10 días. A cambio de su libertad ofreció, como rescate, llenar el cuarto, hasta donde llegaba su brazo, con 1 parte de oro, 2 partes de plata y piedras

---

[39] S/. (Sol) ist die Währung Perus (4 Soles ≈1 €)
[40] Inka- König zu Zeiten Pizarros (mehr über Atahualpa auf Seite 74)

preciosas. Se dice que es el rescate más alto pagado en la historia de la humanidad. Su equivalencia actual son unos 90 millones de euros. Atahualpa cumplió con el trato pero los españoles no. Lo mataron en la Plaza de Armas.

Al entrar al museo, Martin se detiene para observar algunas pinturas que están expuestas a los lados. Entre ellas se muestra el encuentro con Pizarro, el conquistador; la captura del Inca; el Inca en el cuarto de rescate con su mano levantada señalando hasta dónde iba a llenarlo de oro y plata, y además una pintura de la ejecución de Atahualpa. Luego de unos minutos, atraviesa una puerta de vidrio y camina hacia el famoso cuarto. *Da unos pasos* y llega, lo observa detenidamente y trata de imaginarse la situación del Inca y lo increíble que es poder llenar todo ese cuarto de oro y plata. Toma un par de fotos y regresa a su hotel caminando pensativo y maravillado.

A la mañana siguiente, después del desayuno, llega el guía en una camioneta para recoger a los turistas. El guía es un joven que sabe mucho sobre la historia de Cajamarca. Es un estudiante de turismo y hotelería de la Universidad Nacional de Cajamarca, que trabaja como guía turístico en sus horas libres.

El primer día van a diferentes lugares y al día siguiente toman otra ruta también muy interesante, donde están incluídos "Los Baños del Inca", que son aguas termales con muchas propiedades medicinales. El día anterior el guía les había dicho: –Los que quieren pueden llevar una ropa de baño, así pueden entrar a los baños y disfrutar de sus aguas–.

Así lo hicieron Martin y los otros turistas y se dieron un baño. Luego todos se sintieron relajados y como nuevos. Los turistas y Martin compraron algunos recuerdos en el mercado artesanal que había enfrente. Martin compró para sus familiares: un chullo[41], una chompa[42] y una chalina[43] de alpaca.

Una hora después el guía pasó a recogerlos. Llegó en la camioneta y los llevó a un lugar llamado Otuzco. Un lugar que está un poco lejos de la ciudad.

Durante el camino, el guía comenta:

—Actualmente se están haciendo excavaciones muy importantes cerca de la ciudad a la que vamos a ir. Se dice que allí hay un "quipu" escondido. Es muy importante y valioso para los documentos históricos, pero ese quipu no ha sido encontrado hasta hoy.

Entonces, comienza a contar una pequeña historia: "Los incas transportaron el oro y la plata desde muchos lugares del territorio peruano, de aquel entonces, para llevarlo al cuarto de rescate. Los españoles, quienes también ayudaban al transporte, llevaban la cuenta de la cantidad de plata y oro que se estaba transportando. Uno de los incas, también lo hacía y para eso usaba un quipu..."

Uno de los turistas interrumpió:

—Disculpe, pero, ¿qué significa quipu?

—La palabra quipu significa nudo, en quechua, y el quipu está formado por una serie de cuerdas de diferentes tamaños y colores atados a un único cordel. Como los incas no tenían una forma de escritura, el quipu era usado para guardar informaciones y servía para llevar la contabilidad. Se puede decir que un quipu era y es una cámara de tesoros ya que a veces, guardaban informaciones sumamente importantes. No todos sabían leer un quipu, sólo algunos privilegiados.

---

[41] Mütze
[42] Pullover
[43] Schal

Atahualpa y el Cuarto de Rescate

Ventanas de Otuzco

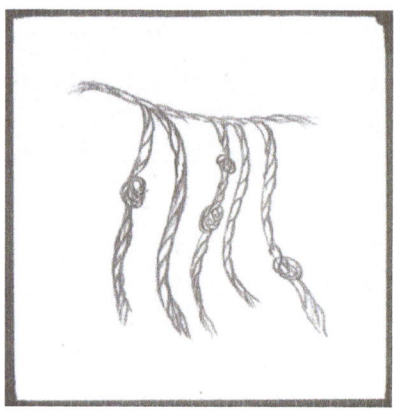

Quipu
(Art Knotenschrift der Incas. Man konnte mit Hilfe der Quipus wichtige Informationen verfassen.)
(Mehr über der Quipu auf Seite 74)

El guía continuó "... Bueno, dice una leyenda, que en Cajamarca, un grupo de incas escondió una parte del oro y de la plata en un determinado lugar y que dicho quipu guarda esa información". Algunos expertos creen que no es una leyenda y que es una historia real. Esa es la razón de dichas excavaciones, que para muchos, es muy valiosa. ¡Imagínense si es cierto! ¡Cuántos millones estarían escondidos por aquí! – dijo, señalando con su mano, mientras todos los pasajeros buscaban con los ojos, tratando de imaginarse dónde podía estar el tesoro.

6

Al mismo tiempo, cerca de Otuzco, hay un equipo de arqueólogos de tres países, un peruano, un estadounidense y un alemán. Este equipo cuenta, además, con ayudantes para hacer las labores de excavación. Llevan allí ya algunas semanas viviendo en un campamento.

Ese mismo día, es un gran día. Uno de los ayudantes encuentra una manta de alpaca muy vieja. Esa manta pequeña, descolorida, vieja, llena de tierra, y que parece insignificante, envuelve un quipu. Inmediatamente, el hombre se acerca a los arqueólogos, quienes después de examinarlo detenidamente y discutir unas horas están seguros de que *se trata del* ansiado[44] quipu.

–¡Fantástico! Marvelous! Wunderbar! –dicen los arqueólogos emocionados, cada uno en su idioma.

Están tan alegres que *no caben en su pellejo.* Ya está cumplida su misión. Ahora tienen que llevar ese tesoro al Museo de la Nación. Allí los esperan.

---

[44] ersehnt

Entonces llaman por teléfono y anuncian el descubrimiento.
De inmediato, el director del museo se pone en contacto con un famoso experto en la escritura de los Incas:
–Sí, mañana lo traen –asegura el director–, ¿puede Ud. venir cuanto antes? –le pregunta por teléfono al experto.
El experto está dispuesto a viajar a Lima enseguida. Sólo había estado esperando esa llamada.
Los arqueólogos, por su parte, abrieron una botella de champán. La tenían reservada para esa ocasión. Se tomaron el champán y brindaron también con chicha[45] de la región. Uno de los ayudantes se la había regalado a los arqueólogos para brindar por el hallazgo[46]. Después de esa celebración fueron a sus tiendas y se echaron a dormir. Muy rápido se quedaron profundamente dormidos.
Detrás de unos matorrales unos tipos estaban esperando el momento oportuno.
Aprovechando la oscuridad de la noche, se acercaron con mucho cuidado y en silencio. En la cabeza se habían puesto un pasamontañas[47] y además estaban armados con pistolas. No tenían la intención de disparar pero, *por si acaso*, las llevaban consigo. Por separado se acercaron a las carpas[48]. Los arqueólogos *estaban roncando*. Era el efecto del somnífero[49] que habían echado en la chicha.
El trabajo resultó fácil. El quipu estaba dentro de la caja de madera que estaba sobre la mesa de trabajo. Lo sabían muy bien. Sólo era cosa de apurarse para llevárselo al jefe.

---

[45] Maiswein
[46] Befund
[47] Sturmhaube
[48] Zelte
[49] Schlafmittel

Al día siguiente, cerca del mediodía...
—Oh my God, tengo headache[50]! —se lamenta el estadounidense al despertar y salir de la carpa.
—Tu dolor de cabeza es producto de la resaca[51] —comenta el arqueólogo peruano.
—Voy a preparar un café —dice el alemán, abriendo una pequeña despensa.
Luego va hacia la mesa de trabajo y pregunta:
—¿Uno de ustedes se llevó la caja con el quipu a su tienda?
—No —contestaron los otros dos.
—¡La caja no está aquí! —gritó el alemán.
Buscaron y buscaron, pero nada. Ni pistas de la caja.
—¿Estás seguro que dejamos la caja sobre la mesa? Anoche tomamos mucho y quizás ... —dijo el norteamericano.
—Claro que estoy seguro —interrumpió el alemán—. ¡No tomamos tanto como para no saber dónde guardamos el quipu, dónde pusimos la caja y encima para quedarnos tan dormidos!
—Bueno, la chicha sube muy rápido a la cabeza —afirmó el peruano.
—¡Un momento! —dijo el alemán pensando detenida y lógicamente —¿quién trajo la chicha?
—Uno de los ayudantes —dijo el norteamericano.
—Y ahora, ¿dónde están? —preguntó el alemán.
—Seguramente ya están en sus pueblos. Después de recibir su plata[52]... —respondió el peruano.
Los tres se miraron asombrados:

---

[50] Kopfschmerzen
[51] (Unwohlsein) Kater
[52] (umgspr.) Geld

–No puede ser. ¡Qué tontos hemos sido! ¡Caer en una trampa tan infantil! –dijo furioso el norteamericano.

–¿Cómo íbamos a imaginarnos algo así? –agregó el alemán.

–Había un soplón[53] entre los ayudantes –aseguró el peruano agarrándose la cabeza–, probablemente ya lo tenían todo planeado. Tenemos que informarlo inmediatamente.

7

Mientras tanto en Lima, un tal[54] Ramírez, está hablando por teléfono:

–¿Lo tienen?
–Sí jefe, lo tenemos.
–¿Estás seguro de que es el que busco?
–Sí, señor. Pepe dice que ha escuchado a los arqueólogos que ése es el quipu que ellos también buscaban.
–¡Por fin! ¿Qué han hecho con los arqueólogos?
–Están privados[55] en sus tiendas y nosotros estamos por tomar el avión a Lima.
–¿Han puesto el quipu envuelto en una camisa usada, para evitar sospechas, como les dije?
–Sí, jefe.
–Los espero –dijo Ramírez en tono brusco antes de colgar.

***

Ese mismo día Martin paga la cuenta y sale del hotel. Un taxi lo está esperando para llevarlo al aeropuerto. Toma su

---

[53] Maulwurf (Verräter)
[54] gewiss (nicht genau bestimmbar)
[55] (umgspr.) bewusstlos

avión y durante el vuelo las imágenes de sus viajes dan vueltas en su cabeza. Está muy contento. Se lleva las mejores impresiones.

El avión está repleto[56]. Muchos turistas extranjeros y sólo algunos peruanos.

Ya en el aire, después de unos minutos, una azafata se acerca y le pregunta:

–Señor, ¿desea tomar algo?

–Sí. ¿Tiene Inca Kola?

–Sí, claro.

–Entonces, una Inca Kola por favor –dice sonriendo y acordándose de la niña de la parrillada.

La azafata abre una lata de la bebida, se la da y agrega:

–¿Qué le gustaría comer? ¿Un sandwich de pollo, un mixto[57] o un triple[58]?

–Un triple, por favor.

A Martin le encantan los triples, desde que los probó en la Cafetería San Antonio en Monterrico.

Martin sigue pensando: "llegando a Lima lo que quiero es pasar mis últimos días de estadía en Perú, sin mucho estrés. Necesito tiempo para digerirlo[59] todo. Sin embargo, quiero disfrutar esos días saliendo con Lucía y Juan. Quizás podríamos ir a alguna discoteca o a algún lugar turístico y pasear por Miraflores cerca al mar y ver la puesta de sol".

El avión llega a Lima sin retraso. Pero, después de recoger su maleta, pasa algo raro. Hay una aglomeración de gente [60].

---

[56] voll
[57] Sandwich mit Käse und Schinken
[58] Sandwich mit Tomaten, Avocado und Ei
[59] es zu verarbeiten
[60] aglomeración de gente: Menschenauflauf

Unos agentes de policía están revisando las maletas y maletines de los pasajeros.

Estos vuelos están muchas veces controlados en forma sorpresiva, debido al tráfico ilegal de tesoros arqueológicos que hacen los huaqueros[61]. Éstos son perseguidos por la policía.

"Quizás es por eso de las excavaciones en Cajamarca", piensa Martin.

−Señor −dice un agente−, su maletín, por favor.

Martin se lo entrega.

El agente lo pone en el suelo y dice:

−Espere aquí un momento.

El mismo agente hace lo mismo con otros dos pasajeros que vienen detrás de Martin. Éstos entregan su maletín también negro y casi igual al de Martin, incluso de la misma marca. Parece que esos dos pasajeros están muy apurados[62] porque están mirando constantemente su reloj y hablan en voz baja, sobre algo como "no llegar tarde a una cita". Los hombres están sudando, parecen nerviosos.

−Señor −dice uno de los que controlan, dirigiéndose a Martin−, ¿lleva algo de cerámica? ¿O algo que declarar?

Martin responde:

−No, sólo unos artículos de alpaca, que compré en un mercado. Aquí tengo la factura.

−A ver, muéstrenos sus artículos, por favor.

Martin lo hace y espera.

Mientras tanto, otro agente les hace las mismas preguntas a todos los pasajeros. Muy serio sin hacer mímicas o sonreir.

---

[61] Grabräuber archäologischer Stätten
[62] eilig

Un tercer agente, también muy serio, revisa los maletines que están en el suelo.

Luego, después de revisarlos y no encontrar nada sospechoso, les devuelven los maletines tanto a Martin como a los dos hombres. Así que todos siguen su camino.

Al poco rato salen del aeropuerto. Los dos hombres salen muy rápido, casi corriendo, y pasan, empujando a Martin sin pedir disculpas.

Martin *se encoge de hombros* y piensa "¡Vaya, estos señores sí que tienen prisa!".

Juan ya estaba esperando a Martin y cuando ve a su amigo entre los viajeros, le hace señas. Martin sonríe y se acerca a Juan. Los dos se van conversando y comentando sobre el control en el aeropuerto y, sobre todo, sobre el viaje.

—Antes de regresar a Alemania —dice Martin— me gustaría ir a un lugar turístico y hacer otras cosas aquí en Lima. ¿Tú crees que podemos hacerlo?

—Claro —dice Juan—, ya tengo algunos planes. Entre otras cosas tenemos que ir a una peña.

—¿Qué es una peña?

—Se les llama peñas a los restaurantes turísticos, donde hay comida y bebida del Perú así como espectáculos de baile folclórico.

—Sí, exacto algo así tenía pensado. Además ya he quedado con Lucía —añade Martin.

—Te gusta mi prima, ¿verdad?

—Sí. Es muy simpática.

Cuando llegan a casa, Martin le dice a Juan:

—Te voy a enseñar lo que les he comprado a mis padres y a mi hermano.

Al abrir el maletín se da con la sorpresa que no es suyo.

—¿Qué?! —dice asombrado Martin.

–¿Pasa algo? –pregunta curioso Juan.

–Sí. ¡No es mi maletín!

–No comprendo. ¿Cómo que no es tu maletín? ¿Cómo es posible?

–No sé. Voy a ver si hay algún nombre –dice Martin revisando el maletín completo.

–¿Y?

–Nada, sólo hay unas revistas, una camisa sucia... –dice, sacando las cosas del maletín.

Y, al sacar la camisa del maletín, cae algo al suelo.

–y.... un trapo viejo –dice Juan agarrando la pequeña manta descolorida– y... ¿qué es esto?... parece...parece...¡un quipu! –dice asombrado–. ¿Por qué un quipu envuelto en una manta vieja? ¿Y además dentro de una camisa?, ¡que, a propósito, está sucia y huele muy mal! –añade, *frunciendo la nariz.*

–¡Oh! ¡Mist! –dice Martin dándose un golpe con su mano en la cabeza–. ¡Ahora lo entiendo todo!

–¡Anda! ¡Dime, qué pasa!

–Este maletín es de esos hombres. Por eso estaban nerviosos. Quizás ocultaban el quipu por algún motivo.

–¿De quiénes hablas? –pregunta Juan.

–De esos tipos en el aeropuerto.

–¿Qué tipos? –dijo Juan desconcertado, no entendía nada.

Entonces Martin le explica que los hombres tenían un maletín igual al suyo, que estaban un poco nerviosos y que cuando los controlaron... Así, Martin le cuenta a Juan lo de las excavaciones y lo de la leyenda del quipu.

–¡Ay caramba! ¡Esos eran unos huaqueros! –dijo preocupado Juan.

–Sí. Claro. Tienes razón y yo soy un tonto porque no me di cuenta –añade sentándose en la silla y sintiéndose derrotado.

–No, no eres tonto. Eso le puede pasar a cualquiera –dijo Juan calmándolo y poniendo su mano sobre el hombro de Martin-. ¿Cómo ibas a saber que esos tipos eran huaqueros?

–Entonces, fue un cambio de maletines, sin intención, cuando los agentes nos controlaron –dijo Martin.

Juan lo tranquiliza y dice:

–Bueno, ahora *no te rompas la cabeza* con esas ideas. Quizás es sólo una imitación, mañana podemos averiguar más.

-Ojalá tengas razón, aunque lo dudo –agregó Martin–, los hombres estaban muy nerviosos.

8

En ese mismo momento, en otro distrito de Lima:

Los huaqueros ya están en la casa de su jefe. Están sudando por el calor y los nervios. Al abrir su maletín sacan un chullo, una chompa de alpaca, una chalina y un par de recuerdos artesanales...

–¡Éste no es nuestro maletín! ¡Caramba! ¡Nos han robado! –dice uno de ellos.

–¡No, sonso[63]!, no nos han robado, nos han cambiado de maletín. Pero...¡dónde!

–¿En el aeropuerto? –dice el otro.

–¡Claro, pues! –dice chasqueando los dedos[64] –cuando esos idiotas de control nos revisaron los maletines.

–Sí, ellos hicieron el cambio. ¡Es que había tanta gente!

El jefe estaba muy enfadado. *Tenía cara de pocos amigos* y dijo:

–¿Y quién diablos tiene ahora el maletín con el quipu?

---

[63] dummer Kerl
[64] chasquear los dedos: mit den Fingern schnippen

Ambos se miraron y dijeron al mismo tiempo:
—¡El gringo[65]!
—¿Qué gringo? —gritó el jefe.
—En la misma cola, cuando pasamos por el control, había un gringo antes de nosotros y abrieron su maletín y luego abrieron el nuestro. Los revisaron, los cerraron y nos lo entregaron. Como había mucha gente no nos dimos cuenta que teníamos el equivocado. ¡Eran igualitos! Además salimos del aeropuerto apurados porque usted nos estaba esperando.
—¿Qué?! ¿Y ahora soy yo el culpable?!!
— ¡No, jefe, no!
—¡Pero dónde tienen la cabeza! —dijo el jefe— ¡No les voy a dar ni un centavo!
—Pero, pero, jefe...jefecito...
—¡Nada! ¡Nada de nada hasta que encuentren el quipu! ¿Y? ¿No hay nada en el maletín? ¿Ninguna etiqueta con algún nombre? —gritaba Ramírez.
—A ver... ¡ah! Sí, pero, está un poco borroso, aquí dice algo así como "Muyer" —dijo uno pronunciando la "ll" como "y"—. El resto no se puede leer. Parece que le ha caído agua a la etiqueta. Me imagino que "Muyer" es su apellido.
—Sí —dijo el jefe quitándoles el maletín de las manos—, y no se pronuncia Muyer sino "Muler". Es un apellido alemán. Y sobre la u hay una diéresis.
—¿Se refiere a esos puntitos sobre la u, jefe?
—Sí. ¡Esos alemanes con apellidos tan difíciles! Y, ¿no hay ningún número de teléfono o alguna dirección?
—No sé jefe. No se puede leer nada —dijo uno de los hombres entrecerrando los ojos.

---

[65] Das Wort „gringo" bezeichnet in Peru einen hellhäutigen Europäer oder Nordamerikaner. Im Allgemeinen wird es nicht abwerten gebraucht.

–¿A ver?... mmmmm ... Bueno, bueno. *Por lo menos* tenemos algo. Ahora a buscar a ese tal Muler.

–Pero, jefe ¿cómo vamos a encontrarlo? Sólo sabemos que es gringo y se apellida Muler.

–Me imagino que ustedes se acuerdan de cómo se veía el gringo, ¿no?!

–Sí, claro jefe. Estaba al lado de nosotros en la cola y es tan grandote que no pasa desapercibido[66] –dijo Paco soltando una risita.

–¡*Por lo menos* es algo! Bueno, yo tengo un amigo que me debe un favor. Trabaja en migraciones. Voy a preguntarle cuántos Muler han llegado a Lima en los últimos días. Cuántos han viajado a Cajamarca. Debe de tener un registro. Quizá tenemos suerte.

–¡Buena idea jefe! –dice uno de los huaqueros.

–Lógico, es mía –dice el jefe levantando una ceja.

Después de algunas llamadas, Ramirez tiene el dato. Hay cinco Müller que han llegado en estos dos últimos meses.

Tres están hospedados en diferentes hoteles y dos están en casas particulares, según los datos que han dejado en el formulario de migración.

–¡Ahora a buscarlos! –dijo el jefe.

***

Con las direcciones que tenían fueron a buscarlos. Preguntaron por el Sr. Muler en los hoteles. Se escondieron cerca de la puerta de sus habitaciones y los esperaron hasta que salieron.

En el primer hotel, vieron salir a uno, que era bajo y calvo, de unos 60 años.

---

[66] unbemerkt

En el segundo hotel, vieron a otro que era alto pero tenía el pelo oscuro y no era joven.

Ya en el tercer hotel, observaron a lo lejos, que un hombre alto y rubio salía de su habitación, sólo con una cámara de fotos en la mano. "¡Ése es!" pensaron, aunque no le vieron la cara.

Esperaron un rato, hasta ver que desaparecía en el ascensor.

—El gringo no tenía ningún maletín en la mano, así que debe de estar en la habitación —dijo uno de los hombres susurrándole[67] al oído al otro.

—Y ahora, ¿cómo entramos?

—Tengo una idea. Espera un poco y ya verás.

Entonces pasó una camarera con su carrito para hacer la limpieza.

—Señorita, hemos dejado la llave dentro de nuestra habitación, ¿podría abrirnos la puerta, por favor? —dijo uno de ellos coqueteando un poco con la chica.

—Sí, señor cómo no —contestó la chica sonriente.

La joven les abre la puerta. Ellos entran. Mientras uno se queda vigilando con la puerta entreabierta, el otro se pone a buscar el maletín. Debajo de la cama. En el armario arriba y abajo. En el baño. En fin, en todas partes. Nada. Ni rastros del maletín negro. Sólo hay uno de color rojo y una maleta grande azul. No, este gringo no es. No hay ningún maletín negro en esta habitación.

---

[67] flüstern

9

Al día siguiente aparece un titular en el periódico:

ROBO EN EXCAVACIONES
Huaqueros roban un valioso documento precolombino encontrado en unas excavaciones de Cajamarca

Cajamarca
Valioso "quipu" fue encontrado ayer en unas excavaciones en Otuzco, Cajamarca. Se presume que el robo fue hecho por una banda de huaqueros de nacionalidad peruana. Lamentablemente no se les ha podido identificar, porque sus documentos eran falsos. Parece que fue un robo premeditado, dado que sólo se robaron el valioso documento precolombino. El director del Museo de la Nación está sumamente preocupado, ya que el valor de ese documento es incalculable para nuestro país ...

El padre de Juan está leyendo el periódico en voz alta y hace un comentario:
–¡Ya nos han robado bastante! Durante la época de la conquista, durante la colonia...Después de la colonia...Y ahora nuestros propios compatriotas nos siguen robando. ¡Malditos huaqueros[68]! *¡A dónde vamos a parar* así!
El padre de Juan parecía muy enojado.
Juan y Martin se miran, se paran y se van, dejando el desayuno a medias sobre la mesa.
–¿Y ahora? –dice Martin en voz baja–, ¿qué hacemos?

---

[68] malditos huaqueros: verdammte Grabräuber

–Deja que piense un momento. Si vamos a la policía puedes verte involucrado en el asunto, y como eres extranjero..., mejor no.

–¿Y si mandamos el quipu por correo, anónimamente?

–Podría ser una salida. Pero, no sé. ¡Qué lío! –dice pensativo Juan–. No nos debemos precipitar. Vamos a pensarlo muy bien.

***

En otra parte de la ciudad:

–Jefe, hemos estado en los hoteles y en ninguno de ellos está ese Muler que buscamos. Seguro, que el que buscamos, se aloja en alguna casa particular. Eso sí que va a estar tranca[69].

–No, nada de eso. Gracias a mis contactos, dijo el jefe jactándose[70] de su ingenio[71], puedo conseguir las direcciones. Me imagino que el gringo no tiene la menor idea de la importancia del quipu. Voy a hacer algunas investigaciones. Yo voy a avisarles cuál va a ser nuestro siguiente paso. Pero ahora no tenemos tiempo que perder.

–Sí jefe y ¿ahora qué hacemos?

–¡A ver si tienen un poco de imaginación, pues! –y dirigiéndose a uno de ellos le dice Ramírez– *Ponte en el caso de* un turista. ¿Qué haces cuando estás en otra ciudad?

–¡Ah! Si tengo plata voy a comprar o a pasear con alguna hembrita[72] –responde, codeando al otro y riéndose.

–¿Y?... ¿Qué esperan? –grita Ramírez–. ¡Nada de diversiones! ¡Que hembritas, *ni ocho cuartos!* ¡A trabajar!

---

[69] (umgspr.) schwierig
[70] angeben
[71] Schläue
[72] Weib

Los dos hombres, asustados, salieron rápidamente de la casa de Ramírez.

—¡Ja! Ya tengo una idea, vamos a dar una vuelta por Miraflores. Pero antes vamos a mi casa que voy a sacar unas cosas.

—¿Y qué cosas? —dice el otro.

—Un maletín con una cámara fotográfica, unos lentes oscuros y además otros utensilios muy necesarios para nuestro trabajo.

—¡Ah, qué listo! ¿Así *tenemos pinta* de turistas, no?

—¡Exactamente! Y después vamos al Haití.

Muchos turistas van a tomar café al "Haití" y leen los periódicos de sus países. El Haití es un café que queda en una zona muy atractiva de Miraflores con sillas y mesas en la calle. Allí muchos turistas se toman un rico café, un capuchino o una cerveza. También hay unos canillitas[73] que venden periódicos de otros países.

Una hora después, llegan allí, buscan una mesa libre y se sientan. Ponen la cámara sobre la mesa. Llaman al mozo[74] y piden dos cafés. Cuando el mozo regresa con el pedido, ellos le hacen preguntas. También le hacen preguntas a los chicos de los periódicos. En conclusión, las respuestas fueron: muchos extranjeros de diferentes países, todos altos y muchos son gringos. Todos son igualitos. Nada especial.

Luego van por La Calle de las Pizzas. Un lugar muy frecuentado. Y buscan y preguntan, pero nada.

Es como *buscar una aguja en un pajar*.

Todo el día se la han pasado de *acá para allá*. Están cansados y quieren dormir un poco.

---

[73] Zeitungsjunge
[74] (*Am.*) Kellner

Van a sus casas y quedan en encontrarse al día siguiente en el Inka Market de la Av. Petit Thouars.

10

Martin y Juan no han decidido todavía, qué van a hacer con respecto al quipu. Eso les preocupa mucho y no saben si deben hablar o no del asunto con el padre de Juan. Quizás por su experiencia podría darles una idea.

–Juan, mientras se nos ocurre algo, ¿podemos ir a comprar a ese mercado inca? Tú sabes, la chompa, el chullo y la chalina están en mi maletín y dudo mucho poder recuperarlo.

–Ok, Martin. Tienes razón. Vamos a *dar una vuelta* y *de paso* puedes comprar lo que te hace falta.

Para casualidad, una hora más tarde uno de los huaqueros está esperando a su compinche[75] en la entrada del Inka Market.

"Dónde se habrá metido éste. Ya llevo más de 20 minutos aquí, parado como un tonto, ya *me van a salir raíces*". Piensa Paco, uno de los huaqueros.

Saca su celular[76] del bolsillo y llama por teléfono:

–Oye, ¿dónde estás, Pepe? Te estoy esperando desde hace rato.

–Es que *se me pegaron las sábanas*. Y acabo de tomar un micro[77] para allá.

–¿Sabes? Voy a ir entrando pa[78] dar un vistazo[79]. Si lo veo te llamo. ¡Apúrate pues! –dijo y colgó.

---

[75] Kumpan, Spießgeselle
[76] (*Am.*) Handy
[77] kleiner Bus
[78] (umgspr.) para
[79] dar un vistazo: einen Blick auf etwas werfen

Paco entró y comenzó a ir pasillo por pasillo, mirando a todas partes. "¡Pucha[80], cuánta gente!", pensó.

Había muchos turistas que compraban chompas, ponchos, adornos, alfombras, tapices, cuadros, pinturas, diferentes objetos artesanales y hasta instrumentos musicales como antaras, quenas, tambores, palos de lluvia[81], etc.

Seguía caminando y ... al fondo del pasillo ... un gringo tan alto y delgado como el del aeropuerto. Estaba de espaldas a Paco.

"Voy a acercarme y voy a escuchar su voz, o mejor le pregunto algo", pensó dudando, "pucha, pero está acompañado. Voy a arriesgarme. No creo que me reconozca. Mejor voy a preguntar algo a la vendedora de la misma tienda".

–Señorita, ¿cuánto cuesta esta chompa? –pregunta Paco bajando la cabeza y sin mirar a la chica.

–80 soles.

–¿Y esta chalina?

–30 soles, es de alpaca bebé es muy fina –añade la muchacha.

Entonces Juan, *sin prestar mucha atención* al hombre, le dice a Martin:

–Ahora en Alemania hace frío, ¿no?

–Sí. Mucho frío. Mi padre dice que tienen temperaturas bajo cero. El invierno está muy fuerte. Está nevando como nunca. Mira Juan, yo creo que esta chompa le va a gustar mucho a mi papá. La talla es perfecta.

–¿Tu padre es tan alto y delgado como tú? –le pregunta Juan.

---

[80] Donnerwetter, verdammt
[81] palo de lluvia: Regenmacher (Instrument)

–Sí.

–Sería mejor si te la pruebas, ¿no?

Al instante Paco piensa, "¡Ajá! ¡Es alemán! Pero no puedo acercarme mucho, se daría cuenta de quién soy. ¡Uy! Parece que se va a probar la chompa. Sí. Se va a mirar en el espejo. ¡Ay! ¡Es él! Es el gringo Muler, Muller o como se llame".

Entonces, Paco avanza unos metros y coge su celular para llamar a Pepe.

–Oye, lo tengo. Bueno, está cerca de mí. Parece que va a pagar y se va. Pero, ¿dónde estás tú?

–Síguelo. Yo ya estoy cerquita[82] –responde Pepe.

Juan y Martin ya tienen lo que necesitan y deciden regresar a casa. Detrás de ellos los sigue Paco.

Juan, muy suspicaz[83], le dice a Martin en voz baja:

–Martin, ¿te has dado cuenta de que un tipo nos está siguiendo desde que salimos del Inka Market?

–No, ¿de verdad?

–Sí. Mi olfato no me engaña. Además es el mismo tipo que preguntó por una chompa en el puesto donde tú compraste. Yo no le presté mucha atención, pero sé que es el mismo hombre.

–Seguro piensa que soy un extranjero y que llevo conmigo mucho dinero.

–Hay que tener cuidado. Mira, vamos a la librería que está en la esquina, frente a la oficina de correos y entramos para comprar una postal, vamos a ver si nos sigue hasta allí, ¿qué te parece?

–Bien.

---

[82] ganz in der Nähe
[83] misstrauisch

Entran en la librería y se ponen a ver las postales que están en un estante. Paco se detiene también, pero no entra, y empieza a ver las postales que están expuestas en la calle.

En eso, Paco ve que Pepe está en la acera de enfrente y le pega un silbido[84].

Juan, que está observando al hombre *con el rabo del ojo*, aprovecha para pedirle a la vendedora si les puede prestar su baño. Los baños se encuentran en el patio trasero. Juan coge a Martin del brazo y lo lleva rápidamente siguiendo a la señorita que va con ellos dos detrás de la tienda y les muestra el baño. Luego de un rato salen por la puerta trasera.

A Martin todo eso le parece muy raro.

Todo sucede muy rápido. Tanto así que Paco los pierde de vista.

–¡Caramba! ¡En qué momento se han ido! Ni me he dado cuenta. Ya los perdimos otra vez. ¡Y todo es por tu culpa! –Le dice Paco a Pepe, poniéndose rojo de furia.

Llaman por teléfono al jefe:

–Jefe. Lo hemos visto en el Inka Market. Pero,... pero, lo hemos perdido –dijo Paco con un poco de miedo.

–¡Ustedes son un par de buenos para nada!

–Pero... jefe ... nosotros...

–Bueno, espero que el siguiente trabajito lo hagan mejor. ¿*Tienen a la mano* algo para apuntar? –interrumpe Ramírez.

–Sí, jefe, diga –dice Paco sacando un lapicero del bolsillo de su camisa y cogiendo una postal del estante.

–Tengo dos direcciones de dos casas particulares y ¡hoy mismo quiero resultados! ¡Toma nota! La primera es: Av. Javier Prado Oeste 1660, San Isidro y la segunda es: Av. Primavera 1550, Monterrico.

---

[84] le pega un silbido: er pfeift ihm zu

Los dos tipos se van, por supesto, sin pagar la postal que Paco agarró.

De inmediato se ponen en camino y como están más cerca de San Isidro van primero allí. En esa casa vive un abogado llamado Alfredo García Gonzáles. Hay una placa dorada en la entrada, donde está su nombre. Enfrente de la casa hay un parque. En una esquina del parque hay un quiosco. Ahí compran un periódico. Quieren disimular y se sientan en una banca a esperar si alguien entra o sale de la casa.

Pasa una hora, pasan dos. Ya están cansados de leer mil veces el mismo periódico. Ya se lo saben de memoria.

—Oye, ¿y si tocamos el timbre y preguntamos por alguien? —propone Paco.

—¿Por quién?

—Quizás por el abogado García.

—¿Y si abre el gringo y nos reconoce? —pregunta temeroso Pepe.

—No creo. Seguro que abre la muchacha[85]. Es una casa pituca[86] y deben de tener una empleada. Además tenemos que hacer algo. No vamos a quedarnos aquí toda la tarde, ¿no?

—Ok. Vamos pues.

Dudando, se acercan a la casa y tocan el timbre. Es una casona blanca muy bonita y grande de estilo colonial, rodeada de rejas negras.

Ring, ring.

Por el intercomunicador les atiende una mujer.

—¿Sí?

—Buscamos al Dr. García.

---

[85] Hausmädchen
[86] (*Am.*) (umgspr.) wohlhabend

—No está. ¿Quiere dejarle un encargo?

—No. En realidad somos amigos del señor Muler —se atreve Paco.

—El señor Muler viene más o menos en una hora.

—¡Ah! Entonces vamos a dar una vuelta y regresamos.

—Está bien.

Vuelven a su banca y Pepe coge la sección de los horóscopos.

—Oye, Paco, mira lo que sale aquí en mi horóscopo —dice Pepe.

—¿Qué dice? —le pregunta Paco sin mayor interés.

—Dice que en el ambiente laboral voy a tener una sorpresa.

—¡Ah! ¿Sí? —dice Paco sin importancia.

—De repente el jefe me ofrece otro trabajito más lucrativo.

—Yo no creo en esas tonterías —dice Paco frunciendo el ceño[87].

—Yo sí. A veces esta "Madam Adivina" acierta.

—Tonterías, sólo son tonterías —asegura Paco quitándole a Pepe el periódico—. Ahora tenemos que concentrarnos en este trabajito.

— Sí, ta[88] bien —dice Pepe un poco triste.

Después de una hora que siguen leyendo el mismo periódico y que ya han hecho todos los crucigramas y sudokus, ven que alguien llega. Pero no saben si es Muler o el Dr. García.

Después de un rato, tocan otra vez el timbre.

—¿Sí? —vuelve a atender la misma mujer.

—¿Ya llegó el Sr. Muler?

—Sí, acaba de llegar, un momentito por favor.

---

[87] fruncir el ceño: die Stirn runzeln
[88] (umgspr) está

Pero antes de que la muchacha abra la puerta, se van corriendo y se esconden dando vuelta a la esquina.

−No. Ese no es el Muler que buscamos este es chato y barrigón −dice Paco.

−¿Y ahora?

−¿Sabes qué?, yo me muero de hambre y de sed. No hemos comido ni tomado nada desde hace horas.

−Y yo también tengo hambre. *Me suenan las tripas.*

−Vamos a comer un pollito a la brasa[89], ¿qué te parece?

−Sí, buena idea.

Se devoran el pollo y toman litros de bebida gaseosa.

−*Barriguita llena corazón contento* −dice Pepe satisfecho.

−Contentos vamos a estar cuando encontremos por fin a ese alemancito[90].

−Dirás alemanzote[91].

Jajaja... Ambos se ríen y salen del restaurante. Paran un taxi y Paco negocia con el taxista:

−¿Cuánto nos cobras hasta la altura de la cuadra 15 de la Av. Primavera?

−20 Soles.

−No pues. 15.

−No chochera[92], por 15 no voy allá. 20 Soles. Es hora punta.

−Que sean 16 pues.

−18 soles.

−Ta bien.

---

[89] pollo a la brasa: Grillhähnchen
[90] kleiner Deutscher
[91] großer Deutscher
[92] (umgspr.) Kumpel

Mientras tanto Juan y Martin, hoy por la mañana, después de las compras, ya han hablado con el padre de Juan y le han contado el problema en el que están metidos. Además piensan que alguien los ha seguido hoy por la mañana y les parece muy sospechoso.

—A ver hijos. Esto *no es ninguna gracia*. Todo esto *me huele muy mal*.

—Sí, papá, ya sabemos que no es un juego —dice Juan.

—Ese quipu debe de costar millones, si es verdad lo que se dice de él, y los huaqueros deben de estar buscándolo y son capaces de todo —añade el señor—. Miren, vamos a hacer lo siguiente...

11

Ya está oscureciendo y, Paco y Pepe llegan a la dirección indicada: Av. Primavera 1550, Monterrico. Se paran en la esquina de enfrente y prenden un cigarrillo.

—¿Y ahora? —pregunta Pepe.

—Ojalá que el gringuito viva aquí. Y si es así, tenemos que entrar y recuperar el maletín.

—Pero, ¿cómo?

—Vamos a esperar y cuando apaguen las luces vamos a entrar.

—¿Por la puerta?

—Sí, y además vamos a tocar el timbre y vamos a entrar diciendo: hola, qué tal, ¿nos pueden devolver el maletín? —dice Paco en tono de burla— ¡NO PUES TONTO!!! —dice alzando un poco la voz—. Mira, he traído todo lo que necesitamos —sigue Paco, mostrando un pequeño estuche.

Dentro hay algunas llaves e instrumentos especiales para abrir puertas y además una linternita.

—¡Pucha hermano, tú siempre estás preparado! —dice Pepe en tono de admiración.

—¡Clarín![93] —asegura Paco.

Mientras esperan, ven a Martin y a Juan a través de una ventana en el segundo piso.

—Parece que esta vez tenemos suerte. Mira —dice Paco señalando hacia la ventana de la casa y dándole el largavistas que ha llevado—, allí está el que buscamos, y ése, debe de ser el cuarto donde duerme uno de ellos.

Ya son las 10 de la noche, las 11, las 11 y media. Los huaqueros están con sueño y bostezan una y otra vez. Las 12 de la noche. Por fin, todas las luces apagadas. Dejan pasar dos horas más, así todos están bien dormidos. Por la calle no pasa nadie a pie. Todo está muy tranquilo. Sólo se escuchan los grillos entre las plantas y se ve pasar *uno que otro* carro.

—¡Ya llegó el momento! —dice Paco.

—No sé. No estoy seguro —responde Pepe nervioso—. ¿Por qué no esperamos un poco más?

—¡Ahora o nunca! ¿Quieres la plata que nos prometió el jefe? Sí o no.

—Claro, choche. Pero eso de entrar en una casa...

—No seas cobarde, además, estamos acostumbrados a situaciones peligrosas. *¡Déjate de tonterías* y vamos a trabajar!

—Vamos pues.

---

[93] (umgspr.) natürlich

La casa es grande. Pero no tiene rejas. La ventana más grande da a la calle y detrás está la sala. Hay un largo pasillo de entrada que lleva hasta la puerta principal. Al costado de ella hay una ventana de vidrio larga y angosta. Piensan que es mejor entrar por esa puerta. Paco corta el vidrio de al lado muy cuidadosamente. Mete la mano y saca la cadena que asegura la puerta. Con sus llaves especiales logra abrirla.

–¿Ves? Yo tenía razón, estamos entrando por la puerta principal –dijo Pepe en voz muy baja.

–Chhh... cállate... –respondió Paco.

Encienden la pequeña linterna y suben por las escaleras de madera, muy silenciosamente, al segundo piso. Paco va delante y Pepe lo sigue. Todo está en absoluto silencio. Sólo se oye el tic–tac del reloj que está en el comedor. De pronto una de sus pisadas hace rechinar[94] un escalón. Se quedan como de piedra y esperan unos segundos sin siquiera respirar. Cuando se tranquilizan y notan que todo sigue en silencio, siguen subiendo. A la derecha hay un dormitorio grande, que debe de ser el dormitorio de los padres, y un baño. Frente a ellos hay un gran espejo, con el que *se pegan un susto* cuando se ven reflejados en él. Uff, se tocan el pecho. Sus corazones palpitan aceleradamente. A la izquierda están los otros dos dormitorios. En uno de ellos debe de dormir el gringo. Se acercan y entreabren la puerta. No es él. Entonces la siguiente. Paco entra, mientras Pepe se queda afuera vigilando. Al lado de la cama está el maletín medio abierto con las revistas y la camisa sucia. No puede ver más y no quiere abrir más el maletín. Podría despertarse y..., mejor no debe imaginarse lo que pasaría. Agarra el maletín. Sale del dormitorio y le muestra el botín a Pepe. Ambos sonríen y

---

[94] knirschen

bajan de prisa. Ya están en la puerta, ya tienen el quipu. Por fin van a ver la plata que les prometió el jefe. Salen corriendo y en eso...

¡Las sirenas de la policía!!!

Ambos corren y tratan de escapar.

—¡Alto! ¡Policía! ¡Arriba las manos! —grita un policía con una pistola en la mano.

—¡No disparen, no disparen! ¡Nos rendimos! —dicen con miedo Pepe y Paco.

—¡Huaqueros sinvergüenzas[95]! —dice furioso el otro policía, mientras les ponen las esposas[96].

"Esta es la sorpresa en el ambiente laboral, a la que se refería mi horóscopo", pensó Pepe, derrotado.

12

—Gracias a Dios al final todo resultó bien y nadie salió herido —dijo el padre de Juan.

—Sí —dijo el comisario—. Y gracias por su colaboración, señor. El museo se va a encargar de pagar los daños causados.

—Está bien comisario y gracias.

—Buenas noches. Ahora puede dormir tranquilo.

—Buenas noches también, señor comisario.

—No creo que sean muy buenas para mí y mi equipo. Aún tenemos que atrapar al pez gordo y espero que ésos canten rápido —respondió el comisario señalando hacia afuera, donde estaban los huaqueros.

—¡Buena suerte!

---

[95] unverschämt
[96] Handschellen

–La vamos a necesitar, adiós.

–Adiós –dijo el señor dándole la mano al policía.

Naturalmente, después de ese suceso nadie podía dormir.

Todos fueron a la cocina. Los hombres se tomaron una cerveza y la señora se preparó una infusión de manzanilla, buena para los nervios.

Entonces comentan:

–¡Qué buena idea papá! –dice Juan– llevar el quipu directamente al Director del Museo de la Nación.

–Hijo, para algo nos sirven los contactos y amistades que vamos haciendo a través del camino de la vida. No podía imaginarme que el director del Museo había sido mi compañero de clases en la escuela. Éramos *uña y carne* en aquellos tiempos y cuando ya cada uno tomó su rumbo con profesiones diferentes, *nos perdimos de vista.*

–Gracias señor, muchas gracias –dijo Martin ya tranquilo.

–De nada hijo, de nada. Ha sido un placer. Yo diría más bien, gracias a ti, ya que así he vuelto a ver a mi amigo de la infancia. ¡Vaya, Vaya, las sorpresas que nos depara el destino! Pero, bueno, ahora vamos a dormir, que buena falta nos hace después del sustito.

13

Unos días después, el comisario ya tiene al pez gordo. Se trata de un tal Ramírez que hacía tiempo les daba muchos dolores de cabeza. Por fin han podido dar con él y ahora está entre rejas.

Por otro lado, en casa de Juan no se habla de otra cosa más que del quipu:

—¿Y cuándo van a exponer "nuestro quipu"? dice Juan.

—Dicen que están bastante adelantados con el trabajo de descifrarlo —responde el padre—. Pero pronto lo sabremos. Es cosa de esperar.

—Ojalá que aún Martin esté aquí —agrega Juan.

—Sí. Tengo muchas ganas de ver la exposición —dice Martin.

El director llama por teléfono a su amigo, el padre de Juan.

—Tenemos buenas noticias. Y como te prometí, los primeros en enterarse de qué dice el quipu van a ser tú, tu hijo y su amigo. Los espero mañana a las 10 de la mañana en la oficina del Museo.

—Allí estaremos —responde el padre de Juan.

Al día siguiente van al museo. El Museo de la Nación es enorme y muy moderno. Cuando llegan allí, ponen el carro en el estacionamiento y entran al edificio. En la recepción entregan sus documentos. Cuando el recepcionista ve el nombre del señor, les sonríe y dice:

—¡Ah! Por favor, señores, síganme, el director los está esperando.

Martin, Juan y su padre, siguen al hombre, hasta llegar a la oficina del director.

La oficina es amplia y está muy bien iluminada. Está decorada con cuadros de pintores peruanos. Al centro, delante de un ventanal, se encuentra el director detrás de un enorme escritorio de un estilo bastante moderno. Está sentado en una silla giratoria muy cómoda.

—¡Querido amigo! Dice el director poniéndose de pie. Entonces se adelanta para recibirlos, y abrazando al padre de Juan dice— sólo así nos hemos vuelto a encontrar.

—¡Hola hermano! Dice el padre de Juan —que aunque lo veía por segunda vez, estaba muy emocionado—. Si no hubiera sido por el quipu...¿Hacía cuánto tiempo que no nos veíamos?

—¡A mí me parece que habían pasado siglos!

—Te presento a mi hijo Juan y a su amigo Martin.

—¡Ah! ¡Nuestros héroes! Mucho gusto muchachos —dice el director dándoles la mano y abrazándolos.

—Me imagino que están llenos de curiosidad, ¿verdad?

—Sí —responden los dos sonriendo.

—Pues, entonces no alarguemos más la espera, síganme.

Después de ir por diferentes pasillos llegan frente a una puerta de vidrio enorme. Es una sala llena de restos arqueológicos de las diferentes culturas incas y pre-incas.

—En esta sala está el quipu. Allí en el centro —dice señalando el director.

En el centro, dentro de un cubo de vidrio, especialmente iluminado, ven el quipu que está sobre una mesa también de vidrio. Se ve muy viejo, pero parece realmente una joya.

—Es hermoso, ¿verdad?

Todos están mudos de asombro y se dirigen otra vez a la oficina del director.

—Señor, ¿el especialista pudo descifrar lo que dice el quipu? —le pregunta Martin.

—Sí. Ahora les cuento. Efectivamente el quipu data del S.XVI. Los nudos del quipu se refieren a un hombre y a dos mujeres. Se ha podido interpretar que hubo una ceremonia de sacrificio. Una de las que hacían los incas para su dios Sol. En esos tiempos se creía que con el sacrificio de un hombre joven y de dos mujeres vírgenes se podía satisfacer al Inti (dios Sol en quechua). Los incas pensaban que el Inti estaba enojado con su pueblo y con el Inca. Que por eso había tanta muerte y había caído la desgracia con la llegada de los españoles. Así que, para calmar la ira del Inti, alguien importante del Imperio tenía que sacrificar a uno de sus hijos (el menor) y a dos de sus hijas (las menores y vírgenes).

–Entonces no se trata del quipu que indica dónde está escondido el tesoro –dijo Martin un poco apenado–, ¡qué lástima!

–No. Lamentablemente, no. Pero –dijo el director con optimismo–, un quipu en sí ya es un tesoro arqueológico. Claro que muchos creían que este quipu nos iba a revelar, como cuenta una leyenda, dónde estaba escondido el oro y la plata que escondieron los incas antes de entregar el resto para el rescate de Atahualpa. Si es que es cierto lo que cuenta la leyenda. Pero este quipu es un hallazgo muy importante y una contribución a la nación y su historia.

–¿Y cuánto vale este quipu? –preguntó Juan.

–Pues, un quipu, tiene un valor monetario incalculable ya que se trata de una pieza de gran valor arqueológico y muchos trafican y los venden al mejor postor[97] por miles o hasta millones de dólares. A propósito, muchachos –dijo el director sacando un sobre del cajón de su escritorio–, en agradecimiento, el Ministerio de Cultura les ha preparado un cheque de recompensa por un monto bastante considerable. Aquí lo tienen –añadió entregándoles el cheque.

Martin y Juan se quedaron boquiabiertos[98].

–¡Oh! ¡Gracias! –dijeron asombrados.

–Gracias a ustedes. Espero que sea una ayuda para sus estudios.

–Sí, naturalmente –afirmaron Martin y Juan sonriendo.

---

[97] Bieter
[98] staunend

Minutos después Martin, Juan y su padre, en compañía del director, aprovecharon la oportunidad para ver otras cosas interesantes.

Cuando terminó la visita privada en el museo, los viejos amigos quedaron en verse con frecuencia para recordar los viejos tiempos:

–Nos vemos pronto, te estaré llamando la próxima semana –le dijo el director al padre de Juan.

–Perfecto. Hasta entonces, amigo mío.

–Hasta pronto.

Luego, nuestros tres héroes se despidieron del director del museo y salieron satisfechos y tranquilos. Pero en el mismo momento en el que estaban en la puerta del enorme edificio, un montón de fotógrafos y reporteros los atacaron con fotos y preguntas:

–¡Joven, joven! ¡Cómo se siente después de este hallazgo! –preguntó uno de los reporteros a Martin.

–Joven, ¿ha encontrado otro documento histórico? –preguntó otro.

–Joven, joven ....

Martin, Juan y su padre estaban totalmente desconcertados y aturdidos. El flash de las cámaras les encegueía a los tres.

Sin dar ninguna explicación, ni responder a las preguntas de los reporteros, pudieron llegar a su carro, casi corriendo, y subir rápidamente para ir rumbo a la casa.

–¡Uff!!!¡Qué pesados que son los reporteros! –exclamó Juan.

–Sí. Pero, me pregunto cómo así se enteraron. En fin, vamos a ver si mañana sale alguna noticia –añadió el señor sonriendo.

En el camino, ya en el carro, el padre de Juan les pregunta a los chicos:

—¿Y? ¿Qué opinan de toda esta aventura?

—Ha sido una experiencia inolvidable –contesta Juan.

—¿Y tú, Martin, qué dices? –pregunta el señor.

Martin parece estar muy lejos, absorto[99] en sus pensamientos. Y no escucha lo que el padre de Juan está diciendo.

—¿Martin? –vuelve a decir el señor.

—¿Si? –contesta Martin volviendo a la realidad– disculpe, no he escuchado.

—¿Qué opinas de todo esto?

—Pues que es... es... es el tema para mi tesis.

—¡Claro! ¡Excelente idea! ¿Y qué título piensas ponerle?

—El título principal será: "El secreto del quipu" –contesta Martin levantando el dedo índice de su mano derecha.

Así siguen conversando y llegan a casa y le cuentan todo a la señora, quien muy emocionada va a la casa de su mejor amiga y vecina para contarle lo sucedido.

Ya por la tarde Martin llama a Lucía:

—Lucía, soy yo, Martin.

—¡Ah! ¡Qué sorpresa Martin!

—Te llamaba para invitarte a una peña. ¿Te gustaría ir conmigo?

—Claro, me encantaría. ¿Cuándo?

—¿Tienes planes para mañana viernes?

—No, todavía no.

—Entonces ¿qué te parece si vamos mañana?

—¡Genial!

—Paso por ti a eso de las 9 de la noche. ¿Está bien?

—Sí. Entonces hasta mañana.

—Chau.

---

[99] vertieft

14

Lima

Turista alemán, Martin Müller, rescata tesoro arqueológico. Los huaqueros están en la cárcel. Museo de la Nación agradece el acto heroico[100] del ciudadano alemán. ...

Es la noticia del día que se lee en todos los periódicos del país.

–¡Martin! ¡Ahora eres famoso! –dice Juan, orgulloso de su amigo.

Martin sólo sonríe y piensa en todo y sobre todo en Lucía.

"Ayer Lucía se veía muy guapa, más guapa que la última vez", piensa Martin. "Nunca antes había conocido a una chica como ella, además es muy simpática e inteligente".

Está muy contento porque la peña resultó algo muy bonito. Bailes y canciones peruanas de diferentes ritmos. Y hasta una de las bailarinas sacó a bailar a Martin, quien *ni corto ni perezoso,* salió a bailar y lo hizo muy bien.

Ya ha planeado los días que le quedan en Lima y los va a pasar con Lucía.

–Juan, me he enamorado de tu país –le dice Martin a Juan a la hora del desayuno.

–Y de mi prima, ¿verdad? –dice Juan sonriendo.

Jajaja ... ambos se ríen.

–Sí, es verdad. Es una chica estupenda. Ella va a venir más tarde, le comenta Martin a Juan. Vamos a ir a la Rosa Náutica.

–¡Hombre, fantástico! Te va a gustar y seguro que vas a ver una puesta de sol fabulosa.

---

[100] heldenhaft

A las 4 de la tarde llega Lucía. Se ha puesto un vestido entallado color crema, que resalta su bonita figura. Su pelo castaño largo y lacio[101] le llega a los hombros. Se ve estupenda. Estrena unos zapatos de tacón bajo y una cartera[102] que le hace juego.

Cuando Martin abre la puerta, se queda con la boca abierta y se pone tan nervioso que de inmediato no le sale ni una palabra en castellano. Se queda en la puerta y no hace pasar a Lucía. Así que Lucía, sonriendo, le dice:

–Hola Martin, soy yo Lucía. ¿Puedo pasar?

Unos segundos después:

–¡Oh! ¡Mein Gott! ... Mmm ...Disculpa, que torpe soy. Claro, pasa –dice Martin poniéndose colorado.

Lucía va a la sala, se sienta en un sillón y cruza las piernas. Pero Martin se queda parado, como pasmado, embobado y sin decir nada... hasta que por fin:

–¿Deseas tomar algo?

–Sí. Un vaso de agua fría, por favor. Hace mucho calor.

Martin va a la cocina, saca la botella de agua de la refrigeradora[103] y se sirve un vaso de agua que él toma rápidamente. "Guau, piensa, se ve guapísima". Después, ya más tranquilo va a la sala con dos vasos de agua.

Ambos toman su vaso de agua en silencio. Martin está nervioso. Así que para romper el silencio Lucía dice:

–He leído la noticia en el periódico. Me alegra mucho que te lleves un buen recuerdo de tu estadía en Perú.

–Sí. Gracias a tu tío.

---

[101] glattes Haar
[102] (*Am.:* bolso) Handtasche
[103] (*Perú:* nevera) Kühlschrank

—Y ¿cuánto tiempo más te vas a quedar aquí?
—Ahora, no sé.
—Cómo, que ¿"ahora", no sabes? —dijo Lucía haciendo incapié[104] en ahora.
—Sí. No sé. Tenía planeado regresar en una semana, pero lo estoy pensando mejor y quizás me quedo más tiempo. ¿Qué te parece?
—¡Fantástico! —dijo Lucía emocionada mientras se le subían los colores y se arrepentía de su reacción.
"Creo que me he delatado[105]. Ojalá que Martin no se haya dado cuenta de que me gusta" —piensa Lucía.
—¿Quieres decir que te gustaría que me quede más tiempo?
—Claro, por qué no. Así puedes conocer más lugares y... Bueno, ¿vamos? —cambió de tema y se puso de pie.
—¿A dónde?
—Martin, ¿qué te pasa? ¡Parece que hoy estás un poco despistado!
—¡Ah! ¡Claro, a la Rosa Náutica! Vamos.
Durante el camino, mientras Lucía manejaba, Martin no dejaba de mirarla. Se había enamorado perdidamente de esa peruanita. Había sido realmente un flechazo[106]. Lucía hablaba sobre muchas cosas y él sólo la miraba y la miraba con *ojos de cordero degollado* y contestaba con palabras cortas como aja, sí o claro.
Después de unos 30 minutos bajaron hasta el Circuito de Playas y llegaron al restaurante.

---

[104] betonen
[105] sich verraten
[106] (*fam*: de amor) Liebe auf dem ersten Blick

Rosa Náutica (Lima)

Un pianista tocaba un vals muy bonito y romántico y las olas del mar golpeaban suavemente los enormes palestres que soportan el restaurante. La brisa entraba por las ventanas y el sol, que ya iba bajando, iluminaba románticamente el lugar.

La anfitriona les dio la bienvenida, los llevó a la mesa que Lucía había reservado y les entregó la carta.

–La vista es muy bonita –dijo Martin.

–Sí. En un rato vamos a ver la puesta del sol. Desde aquí se ve maravillosa –agregó Lucía sentándose a la mesa.

Pasaron unos minutos y se acercó el mozo.

–¿Qué desean tomar los señores?

Inmediatamente Lucía intervino y dijo:

–Martin, tienes que probar el pisco sour que hacen aquí.

–Ok. Entonces para mí un pisco sour y ¿para ti, Lucía?

–Para mí ...mmm... algo sin alcohol porque tengo que manejar –dijo leyendo la carta–. Pues, un coctel de frutas sin alcohol y además un plato de piqueo para dos, por favor.

Toda la tarde y parte de la noche charlaron sobre diferentes temas e intercambiaron miradas románticas. Pero, volviendo a la realidad, Lucía, mirando su reloj, le dijo a Martin:

–Martin, mañana tengo que levantarme muy temprano. Tengo que trabajar y...

–Claro, entonces vamos.

Martin llamó al mozo, pidió la cuenta y pagó. Martin y Lucía salieron del restaurante y fueron caminando lentamente por el puente de madera que une el restaurante con el estacionamiento.

"Me encantaría que me tome de la mano y que me abrace" pensaba Lucía.

"Me gustaría tomarla de la mano y abrazarla. Pero ¿y si no le gusta? Me atrevo y a ver qué pasa" pensaba Martin.

Martin cogió la mano de Lucía y ella le sonrió tímidamente.

Hacía viento y Lucía tenía las manos heladas. Martin la abrazó y ella se acurrucó[107] en su hombro.

Ya en el carro, siguieron hablando y cuando llegaron a casa de Juan, Martin le dio a Lucía un suave beso en los labios. Y le dijo:

–¿Nos vemos mañana?

–Sí, me gustaría mucho –contestó ella.

–¿Quieres que nos encontremos en algún lugar?

–Está bien. En Miraflores, en el Haití. ¿A las 6?

–Allí estaré.

Al día siguiente se encontraron allí y pasearon. Más tarde fueron al centro comercial Larcomar donde comieron.

Así cada día hacían algo diferente. Los días pasaron muy rápido y las horas se hacían tan cortas... Se habían dado cuenta que no podían estar el uno sin el otro.

***

Un mes después Martin tenía que regresar a Alemania. Así que Juan organizó una fiesta de despedida y quedaron en verse pronto.

El día del viaje, Lucía llevó a Martin al aeropuerto:

–Te escribiré, te llamaré –dijo Martin.

–Y yo a ti –dijo Lucía.

Se abrazaron y con los ojos llenos de lágrimas se despidieron con un beso largo y apasionado.

–Irás a Alemania en tus vacaciones, ¿verdad?

–Sí, eso ya está decidido. En seis meses estaré en tu ciudad.

---

[107] sich anschmiegen

–Mi amor, te extrañaré mucho.
–Y yo a ti. Cuídate. Te amo con todo mi corazón.
–Yo te amo más.
–No me olvides –dijo Lucía en el momento en el que se le salían las lágrimas.
–Nunca. Te espero en seis meses.
–Te aseguro que iré.

Desde ese día, Lucía se concentró en trabajar mucho y ahorrar lo más posible. Además ya tenía su visa.
Habían pasado unos meses desde la partida de Martin y no había ni un sólo día en el que no se comunicaran.
Martin ya había avanzado mucho en su tesis de maestría y estaba trabajando para la Universidad. Tenía un buen puesto.
Ya faltaba poco para el viaje y un mes antes de su partida, Martin le pregunta a Lucía en uno de sus e-mails:
–¿Quieres casarte conmigo?
–¿Qué???? –dijo gritando Lucía, asombrada y emocionada.
Y sin pensarlo dos veces, respondió:
–¡Sí, sí, sí!!!

Una semana antes de lo planeado, Martin llegó sorpresivamente a Lima y pidió la mano de Lucía. ¡Vaya sorpresa para ella, los padres y el resto de la familia!
Luego de ese acontecimiento, se encargaron de prepararlo todo rápidamente.
El padre de Juan contactó a uno de sus conocidos y pudo separar una fecha para el matrimonio civil, que se celebró pronto en la municipalidad de Surco.
Ambos se casaron en una ceremonia sencilla y viajaron juntos a Alemania.

Epílogo

Unas semanas después del viaje de los recién casados:

Juan y su padre están en la terraza tomando una cerveza y comentan:
—¡Vaya, vaya!, ¿quién iba a decir que tu amigo de internet se casaría con tu prima? Todo ha pasado tan rápido y ha sido muy bonito —dice el padre de Juan.
—Ahora no sólo somos amigos sino también familia, papá.
—¿Cuando planeas ir para allá? —le pregunta el padre a Juan.
—De todas maneras el próximo año —dice Juan—. Martin y Lucía me han invitado y quieren mostrarme muchos lugares bonitos y de interés en Alemania y parte de Europa. ¡Ah! Y ya me he matriculado en el Instituto Goethe para estudiar alemán.
—¡Muy bien, qué gusto!¡Salud hijo!, por tus primos y por ti.
—¡A tu salud!, papá.

Generalidades/Allgemeine Kenntnisse

El quipu:
Definición: El quipu es un conjunto de cuerdas anudadas que van unidas a una sola cuerda maestra.
Los incas no tenían una escritura como la que conocemos hoy en día. Sin embargo diferentes investigaciones dejan claro que algunos signos en los textiles y cerámicas, así como formas y colores, podrían ser equivalentes a una escritura y un sistema numérico decimal.
Un quipu servía en el Perú antiguo, para registrar cuentas y números. Los quipus también podían servir como una forma de nemotéctica para recordar acontecimientos de la vida, ceremonias y sucesos importantes, así como también podían guardar cuentos, tradiciones y poemas.

La coca:
La coca tiene una importante función en la cultura andina. Cuando la hoja se deja en la boca entre la mejilla y la mandíbula y se mezcla con la saliva se forma un bolo y el jugo que sale produce energía para realizar las tareas del campo y de las minas.
Como infusión o mate sirve para aliviar el mal de altura que afecta a muchos viajeros cuando llegan al Altiplano.
Este mate se puede beber en cualquier bar o restaurante.
Las hojas de coca se venden legalmente. La coca no es cocaína, así como la uva no es igual al vino. Para producir un kilo de cocaína se necesitan más de 100 kilos de hojas, y una mezcla de químicos, como ácido sulfúrico, gasolina, cal y otras cosas más.
La hoja de coca tiene propiedades medicinales y los cirujanos incaicos usaban la coca como anestésico.

Atahualpa:
Fue el último inca en el imperio incaico.
Antes de la llegada de los españoles había una guerra entre Atahualpa (gobernador del reino de Quito) y su hermano Huáscar (gobernador del reino del Cusco). En la guerra entre los dos hermanos, Huáscar fue vencido y llevado prisionero a la ciudad de Cajamarca, ciudad donde estaba la residencia de Atahualpa.
El 15 de noviembre de 1532 el conquistador español Francisco Pizarro, sus hombres y un sacerdote llegaron a Cajamarca. Allí, en

la Plaza de la ciudad, se entrevistaron con el Inca. El Inca iba con 3 ó 4 mil hombres sin armas, mientras que el conquistador había escondido en forma estratégica a sus hombres armados.

El sacerdote Valverde, que acompañaba al conquistador, se acercó a Atahualpa, le ofreció la Biblia y le exigió que aceptara la religión cristiana y que se sometiera al Rey Carlos I de España.

Atahualpa, que estaba sorprendido e indignado por la arrogancia de los españoles, arrojó la Biblia al suelo.

Pizarro tomó esa reacción como la razón para dar la señal de ataque. Centenares de incas murieron y Atahualpa fue tomado prisionero.

Desde su prisión, Atahualpa mandó matar a Huáscar, porque temía que los españoles lo pusieran como emperador.

Por otro lado, el inca Atahualpa, aún en cautiverio, hizo un trato con los españoles para obtener su libertad. Les ofreció llenar de oro, plata y piedras preciosas el cuarto donde estaba prisionero.

Los españoles aceptaron el trato y el cuarto se llenó, como Atahualpa había prometido.

Sin embargo los españoles no respetaron el trato y Atahualpa fue ejecutado.

Redewendungen

sonreir de oreja a oreja: bis über beide Ohren lächeln
estar en su salsa: in seinem Element sein
dar una vuelta a la manzana: um den Block gehen
de cabo a rabo: von A bis Z
con lujo de detalles: ausführlich erzählen
de la que te salvaste: du bist aber knapp davon gekommen
ser un cero a la izquierda: etwas überhaupt nicht können
le sienta muy bien: es tut ihm sehr gut
da unos pasos: ein paar Schritte gehen
se trata de: es handelt sich um
no caber en su pellejo: aus dem Häuschen sein
por si acaso: für den Fall
estar roncando: tief eingeschlafen sein
encongerse de hombros: die Achseln zucken
fruncir la nariz: die Nase rümpfen.
no te rompas la cabeza: zerbrich dir nicht den Kopf
tener cara de pocos amigos: ein griesgrämiges Gesicht aufsetzen
por lo menos: mindestens
A dónde vamos a parar: wo soll das noch enden
ponte en el caso de: setz dich an die Stelle von …
ni ocho cuartos: (hier) von wegen Weiber!; Unsinn, dummes Zeug
tener pinta de: … aussehen wie
buscar una aguja en un pajar: die Nadel im Heuhaufen suchen
de acá para allá: von hier nach da
dar una vuelta: herumgehen
de paso: bei der Gelegenheit
me van a salir raíces: mir werden Wurzeln wachsen
pegarse las sábanas a alguien: verschlafen
sin prestar atención: keine Aufmerksamkeit schenken
con el rabo del ojo: aus dem Augenwinkel
tener a la mano: zur Hand haben
me suenan las tripas: der Magen knurrt
barriguita llena corazón contento: voller Bauch, Freude im Herz
no es ninguna gracia: es ist kein Witz
me huele muy mal: es stinkt zum Himmel
uno que otro: der ein oder andere
déjate de tonterías: lass den Blödsinn
pegarse un susto: sich erschrecken
ser uña y carne: wie Pech und Schwefel
nos perdimos de vista: aus den Augen verloren.
ni corto ni perezoso: ohne lange darüber nachzudenken, ohne einen Augenblick zu zögern.
ojos de cordero degollado: (umgspr.) verliebt schauen; ≈große Hundeaugen.

EJERCICIOS DE LA LECTURA:
„EL SECRETO DEL QUIPU"

Capítulo 1 y 2

1. Completa los espacios en blanco con ser, estar y hay.
a) Juan y Martin _____ en el aeropuerto.
b) Ellos _____ muy buenos amigos.
c) _____ mucha gente que _____ esperando sus maletas.
d) Los padres de Martin no _____ peruanos, _____ alemanes.
e) Juan _____ bajo y Martin _____ alto.
f) El carro no _____ en el garaje.
g) Sobre la cama de Martin _____ unas toallas blancas.
h) Toda la familia _____ reunida en la terraza.
i) _____ muchas cosas importantes. Una de ellas _____ aprender idiomas.
j) Los niños _____ cansados y quieren dormir.

2. Reemplaza los complementos (directos y/o indirectos) subrayados, con sus pronombres.
Por ejemplo:
El avión abre las puertas. El avión *las* abre.
Los pasajeros saludan a sus familiares. Los pasajeros *los* saludan.
Los familiares entregan flores a los viajeros. Los familiares *se las* entregan.

a) Los pasajeros recogen las maletas.
_____

b) Juan ha preparado un cartel.
_____

c) Martin abre sus ojos.
_____

d) La madre de Juan recibe a Martin.
_____

e) Alguien abre la puerta del garaje.
_____

f) Mamá, te presento a Martin, dice Juan.
_____

g) El padre y la madre de Juan abren sus brazos.
_____

h) Juan enseña la casa a Martin.
_____

i) Martin se da una ducha de agua fría.
_____

j) Todos quieren conocer a Martin. (dos posibilidades)
_____ / _____

Capítulo 4
Completar los espacios en blanco con el **pretérito perfecto** del verbo que está entre paréntesis.
a) Juan y Martin (recorrer) _____ Lima.
b) Toda la familia (ir) _____ a la playa.
c) Martin (escribir) _____ un mensaje a sus padres.
d) El joven ya (ducharse) _____ muchas veces.
e) La agencia de viajes me (hacer) _____ una oferta fantástica.
f) El viaje al Cusco (ser) _____ una experiencia muy bonita.
g) En el Cusco (llover) _____ mucho.
h) Hoy Martin (tomar) _____ el primer avión a Puno.
i) Lucía (poner) _____ muchos platos en la mesa.
j) Martin le (decir) _____ a Lucía que él no sabe cocinar.

Capítulo 5
1. Relacionar:

delante de	links
detrás de	vor
al lado de	rechts
a la izquierda	hinter
a la derecha	geradeaus
debajo de	oben
arriba	unten
todo recto	neben
enfrente de	gegenüber

2. Escribir el superlativo absoluto de las siguientes palabras:
Por ejemplo: rico → riquísimo
cansado → _____
pequeño → _____
puntual → _____
famoso → _____
interesante → _____
preciosas → _____
mucho → _____
relajado → _____
valiosa → _____

Capítulo 6
1. Completar los espacios en blanco con el **gerundio** de los verbos que están entre paréntesis.
a) Los arqueólogos (trabajar) _____ en las excavaciones.
b) Los hombres (acercarse) _____ a los arqueólogos.
c) Uno de ellos (examinar) _____ el quipu.
d) El director del museo (esperar) _____ la llamada.

2. Completar el siguiente cuadro con la tercera persona singular (él) del **indefinido** y del **imperfecto** de los siguientes verbos:

	Indefinido	/	Imperfecto
abrir	_____		_____
tener	_____		_____
saber	_____		_____
decir	_____		_____
ir	_____		_____
echarse	_____		_____
quedarse	_____		_____
estar	_____		_____
asegurar	_____		_____
acercarse	_____		_____

Capítulo 7

Acentuar las siguientes palabras si es necesario, colocando la tilde. La sílaba tónica está subrayada.

tel<u>e</u>fono – q<u>ui</u>pu – arque<u>o</u>logo – a<u>vi</u>on – ho<u>te</u>l – dur<u>an</u>te – im<u>a</u>genes – ca<u>be</u>za – extran<u>je</u>ro – aero<u>pue</u>rto – male<u>tin</u> – a<u>qui</u> – tam<u>bien</u> – cer<u>a</u>mica – sospe<u>cho</u>so – r<u>a</u>pido – ca<u>mi</u>sa – ra<u>zon</u> – inten<u>cion</u> – qui<u>zas</u>

Capítulo 8

1. Colocar las diéresis (¨) en la „u" de las siguientes palabras si es necesario.

pinguino – verguenza – guardia – bilingue – antiguo – antiguedad – guerra – Guatemala – cigueña

2. Números ordinales:
Traducir las siguientes frases:
a) die erste Stunde _____
b) der zweite Freund _____
c) Der dritte Mann _____
d) die vierte Nacht _____
e) das erste Haus _____
f) die erste Zeit _____
g) die ersten Jahre _____
h) Ich wohne im 5. Stock. _____

3. Adjetivos:
Completar los espacios en blanco con los siguientes adjetivos:
alto – moreno – rubia – sentados – calvo – barrigón – cerrada – grande – pequeña
a) Lucía no es _____ , pero tiene el pelo castaño muy claro.
b) El señor García es gordito y _____ .
c) La puerta de la habitación está _____ .
d) Los hombres están _____ en un banco.
e) Martin es un joven _____ . Mide más de 1,90 m.
f) Juan es _____ , su pelo es oscuro.
g) El hotel es muy _____ .
h) Uno de los turistas es _____ . No tiene pelo.
i) Mi maleta es _____ y negra.

Capítulo 9
Escribir los **imperativos** afirmativos y negativos en la segunda persona singular (tú), para los siguientes verbos:
a) ponerse _____ – _____
b) mirar _____ – _____
c) trabajar _____ – _____
d) dejar _____ – _____
e) esperar _____ – _____
f) preguntar _____ – _____
g) buscar _____ – _____

Capítulo 10 y 11

1. Escribir el **diminutivo** de las siguientes palabras:
a) mercado   _____
b) minutos   _____
c) tonto   _____
d) alfombra   _____
e) cabeza   _____
f) delgado   _____
g) cerca   _____
h) trabajo   _____
i) quiosco   _____
j) momento   _____
k) gringo   _____
l) linterna   _____

2. Escribir lo contrario de:
a) grande   _____
b) prender   _____
c) preguntar _____
d) entrar   _____
e) buscar   _____
f) nervioso   _____
g) angosta   _____
h) detrás   _____
i) meter   _____
j) subir   _____
k) arriba   _____

Capítulo 12 – 14

1. Cómo se dice en español:
a) Ereignis   _____   c) Gitter _____
b) Neugier   _____   d) Juwel _____

2. Cómo se dice en alemán:
a) Gracias a Dios   _____
b) Pagar los daños   _____
c) Por supuesto   _____
d) Ha sido un placer   _____
e) Está entre rejas   _____

3. Subrayar el verbo correcto:
   Ese día los tres *se despidieron/se despedían* y *salieron/salían* del museo. En ese mismo momento, en el que *estaban/estuvieron* en la puerta, *aparecieron/aparecían* muchos fotógrafos y reporteros y los *atacaron/atacaban* con fotos y preguntas. Martin, Juan y su padre *estaban/estuvieron* aturdidos y sin responder a las preguntas *se fueron/se iban* y *entraron/entraban* rápidamente al carro.

Subjuntivo:

Completa con el presente del subjuntivo :

1) El jefe les dijo: "Espero que el siguiente trabajito lo _____ (hacer/ustedes) mejor".

2) No creo que los huaqueros _____ (lograr) recuperar el quipu.

3) Ojalá que la policía (atrapar) _____ al pez gordo.

4) "Me encantaría que él me (abrazar) _____", piensa Lucía.

5) Espero que uno de ellos (ser) _____ el gringo que estamos buscando –dice Paco.

Ejercicio adicional

Completar los espacios en blanco para encontrar la solución de la frase final:

a) Persona que ha sufrido heridas: __ ? __ __ __ __
b) Persona que hace cumplir la ley: __ __ ? __ __ __ __
c) En alemán: „ja": ? __
d) Lugar donde los niños estudian: ? __ __ __ __ __
e) Vía de enlace o acceso a un lugar: ? __ __ __ __ __
f) Jefe superior de la policía de un distrito: __ __ __ __ __ __ ? __ __
g) El plural es „peces" el singular es: __ ? __
h) Impresión repentina de temor o sorpresa (diminutivo): __ __ __ ? __ __ __
i) Comunicación de un acontecimiento reciente: __ ? __ __ __ __
j) Expresión para despedirse: __ ? __ __ __
k) Averiguar el sentido de algo escrito en clave o difícil: __ ? __ __ __ __ __ __
l) Expresión de deseo: __ __ __ ? __
m) Serie de cuerdas anudadas usadas para realizar cálculos numéricos o recoger historias o noticias (quechua): ? __ __ __
n) Lugar destinado a exposiciones de obras de arte: __ ? __ __ __
o) Dios sol entre los antiguos peruanos: ? __ __
p) Utensilio que tiene un mango y una plancha de hierro o plástico. Sirve para hacer huecos en la tierra o arena: ? __ __ __
q) En alemán: „Eins. En español: ? __ __

Frase:

Soluciones
Capítulo 1 y 2
1. a)están b)son c)hay/está d)son/son e)es/es f)está g)hay h)está i)hay/es j)están
2.a)Los pasajeros las recogen. b)Juan lo ha preparado. c)Martin los abre d)La madre de Juan lo recibe. e)Alguien la abre. f) Mamá, te lo presento, dice Juan. g)El padre y la madre de Juan los abren. h) Juan se la enseña. i) Martin se la da. j) Todos lo quieren conocer / Todos quieren conocerlo.

Capítulo 4
a) han recorrido b)ha ido c)ha escrito d)se ha duchado e)ha hecho f)ha sido g)ha llovido h)ha tomado i)ha puesto j)ha dicho

Capítulo 5
1. Delante de – vor, detrás de – hinter, al lado de – neben, a la izquierda – links, a la derecha – rechts, debajo de – unten, arriba – oben, todo recto – geradeaus, enfrente de – gegenüber.
2. cansadísimo, pequeñísimo, puntualísimo–a, famosísimo, interesantísimo–a, preciosísimas, muchísimo, relajadísimo, valiosísima.

Capítulo 6
1. a)están trabajando b)se están acercando c) está examinando d) está esperando
2. abrió/abría, tuvo/tenía, supo/sabía, dijo/decía, fue/iba, se echó/ se echaba, se quedó/ se quedaba, estuvo/estaba, aseguró/aseguraba, se acercó/ se acercaba.

Capítulo 7
teléfono – quipu – arqueólogo – avión – hotel – durante – imágenes – cabeza – extranjero – aeropuerto – maletín – aquí – también – cerámica – sospechoso – rápido – camisa – razón –intención – quizás.

Capítulo 8
1.pingüino – vergüenza – guardia – bilingüe – antiguo – antigüedad – guerra – Guatemala – cigüeña –
2. a) La primera hora b) El segundo amigo c)El tercer hombre d)La cuarta noche e)La primera casa f) El primer tiempo g) Los primeros años h)Vivo en el quinto piso/la quinta planta.
3. a)rubia b)barrigón c)cerrada d)sentados e)alto f)moreno g)grande h)calvo i)pequeña.

Capítulo 9
a) ponte – no te pongas, b) mira – no mires, c) trabaja – no trabajes, d) deja – no dejes, e) espera – no esperes, f) pregunta – no preguntes, g) busca – no busques.

Capítulo 10 y 11
1. a) mercadito b) minutitos c) tontito d) alfombrita e) cabecita f) delgadito g) cerquita h) trabajito i) quiosquito j) momentito k) gringuito l) linternita
2. a) pequeño–a b) apagar c) responder d) salir e) encontrar f) tranquilo g) ancha h) delante i) sacar j) bajar k) abajo

Capítulo 12 – 14
1. a) suceso b) curiosidad c) reja d) Joya
2. a) Gott sei Dank b) Schaden ersetzen c) selbstverständlich d) Es war mir ein Vergnügen e) Hinter Gittern sein, im Knast sitzen
3. se despidieron – salieron – estaban – aparecieron – atacaron – estaban – se fueron – entraron

Subjuntivo:
1) hagan 2) logren 3) atrape 4) abrace 5) sea

Ejercicio adicional
a) h<u>e</u>rida–o b) po<u>l</u>icía c) <u>s</u>í d) <u>e</u>scuela e) <u>c</u>amino f) comisa<u>r</u>io g) p<u>e</u>z h) sus<u>t</u>ito i) n<u>o</u>ticia j) a<u>d</u>iós k) d<u>e</u>scifrar l) ojal<u>á</u> m) <u>q</u>uipu n) m<u>u</u>seo o) <u>i</u>nti p) <u>p</u>ala q) <u>u</u>no

Frase: „El secreto del quipu".

NOTA
En esta lectura se usan los siguientes tiempos: presente, pretérito perfecto, condicional, indefinido, imperfecto, gerundio, imperativo, pluscuamperfecto, subjuntivo.

RECETAS

CEBICHE (für 2 Personen)

Zutaten:
400 g Meeresfisch ohne Gräten (z. Bsp. Kabeljau)
1 Glas Limettensaft
Salz
Pfeffer
1 feingehackte Knoblauchzehe
1 - 2 rote Zwiebeln
Chilischoten
*Chilipulver (Optional nach Belieben)
frischer Koriander
Mais
Süßkartoffeln

Zubereitung:
Den Fisch in mundgerechte Stücke schneiden und in eine Schale aus Glas geben. Mit Salz, Pfeffer und Knoblauch würzen. Zwiebel in dünne Scheiben schneiden und hinzugeben. Mit Limettensaft bedecken. Chilischoten feingehackt hinzufügen. In den Kühlschrank für max.1 Stunde stellen.
Koriander fein hacken und überstreuen.
Beilage: Gekochter Mais und Süßkartoffeln in Scheiben.

Pisco Sour (für 2 Personen)

In einen Mixer:
1 Glas (ca. 250 ml) peruanischer Pisco
½ Glas (ca.125ml) Limettensaft
½ Glas Zuckerrohrsirup
1 Eiweiß

Gut durchmixen. Dann zerstoßene Eiswürfel dazu geben und nochmal durchmixen.
In Gläser (z. B. Weingläser) servieren und mit 3 Tropfen Angostura (Kräuterbitter) garnieren.